그림으로 이해하는

2학년이 가장 궁금한 과학

글 이리사와노리유키 외 그림 다카이요시카즈 외

예림당

들어가는 말

우리 주변에는 신비하고 놀라운 일들이 가득해요.
봄에는 식물들이 너도나도 싹을 틔우고 여름에는 푸른 잎으로
무성해져요. 가을이 되면 울긋불긋 단풍으로 옷을 갈아입고
겨울에는 잎을 모두 떨구고 고요하게 지내지요.
그리고 얼마 지나지 않아 또다시 봄이 찾아와요.
이때 '계절이 바뀌었네' 하고 무심히 지나치지 마세요.
'계절이 왜 바뀔까?' 하고 생각해 보세요.
세상 모든 것에는 반드시 '왜?'가 숨어 있으니까요.
신기하고 재미있다는 생각이 든다면 과학자의 눈으로
자세히 들여다보세요. 그 신비로움에 눈을 뜨면
매일매일 새로운 발견이 이어지는 가슴 뛰는
시간들이 여러분을 기다리고 있을 거예요.

우선은 관찰이 중요해요. 그림을 그리고
사진을 찍으면서 기록을 하는 것도 좋아요.
그러면서 '왜 그럴까? 어째서 그렇게 될까?' 하고
생각해 보세요. 그리고 어떻게 하면 그것을 확인할 수
있는지 조사하는 거예요.
여러분 앞에는 분명 재미있는 일이 가득 있어요.
언젠가 여러분의 손으로 우주의 신비한 수수께끼를
풀게 될 날이 올지도 모르지요. 우리는 모두
과학자의 알을 품은 사람들이니까요.

감수자, 미마 노유리

음식에 관한 과학 상식 • 아하, 그렇구나!

생선 초밥에는 어떤 생선을 쓸까? ………………… 12
〔생선 초밥에 쓰이는 다양한 바다 생물〕 ………… 14
파인애플은 어떻게 열릴까? ……………………… 16
통조림 귤은 어떻게 껍질을 벗길까? …………… 18
껌은 왜 늘어날까? ………………………………… 20
〔포테이토칩은 우연히 탄생했다고?〕 …………… 22
딸기 씨에서도 싹이 날까? ……………………… 24
젤리는 왜 탱글탱글할까? ………………………… 26
땅콩은 왜 두 개씩 들어 있을까? ………………… 28
떡을 찌면 왜 부풀어 오를까? …………………… 30

일상생활에 관한 과학 상식 • 아하, 그렇구나!

가위로 어떻게 종이를 자를까? ………………… 34
변기의 물은 어떻게 내려갈까? ………………… 36
이불을 말리면 왜 폭신폭신할까? ……………… 38
피아노 안은 어떻게 생겼을까? ………………… 40
곰팡이는 왜 생길까? …………………………… 42
바코드는 왜 붙어 있을까? ……………………… 44
유리는 왜 투명할까? …………………………… 46
동전은 무엇으로 만들까? ……………………… 48
배는 어떻게 물에 뜰까? ………………………… 50

동물에 관한 과학 상식 • 아하, 그렇구나!

고양이는 왜 똥을 모래로 덮을까? ·········· 54
어항의 물은 왜 탁해질까? ·········· 56
곤충들은 어떻게 겨울을 날까? ·········· 58
〔겨울 곤충 도감〕 ·········· 60
판다는 어떻게 울까? ·········· 62
개는 왜 전봇대에 오줌을 눌까? ·········· 64
새는 귀가 어디에 있을까? ·········· 66
민달팽이와 달팽이는 같은 생물일까? ·········· 68
개구리의 눈은 왜 튀어나왔을까? ·········· 70
물고기는 어떻게 물속에서 살 수 있을까? ·········· 72
깊은 바다에는 어떤 생물이 살까? ·········· 74
〔심해에 사는 희귀한 생물〕 ·········· 76
장수풍뎅이는 어떻게 자랄까? ·········· 78
표범은 왜 얼룩무늬가 있을까? ·········· 80
개미는 왜 줄지어 이동할까? ·········· 82
사자는 어떻게 사냥할까? ·········· 84
괴수와 공룡은 어떻게 다를까? ·········· 86
까마귀는 왜 검은색일까? ·········· 88
새는 어떻게 하늘을 날까? ·········· 90
가재는 왜 집게발이 있을까? ·········· 92

식물에 관한 과학 상식 • 아하, 그렇구나!

식물은 어떻게 물만 먹고 자랄까? ·········· 96
〔벌레잡이 식물 지옥〕 ·········· 98
장미에는 왜 가시가 있을까? ·········· 100
가을이 되면 왜 잎이 떨어질까? ·········· 102
나무는 얼마나 오래 살까? ·········· 104
〔신기한 세계의 나무〕 ·········· 106

우리 몸에 관한 과학 상식 • 아하, 그렇구나!

오줌은 왜 추울 때 자주 마려울까? ·········· 110
손가락은 왜 쪼글쪼글해질까? ·········· 112
햇빛을 쬐면 왜 피부가 탈까? ·········· 114
목소리는 어떻게 날까? ·········· 116
똥은 왜 갈색일까? ·········· 118
배꼽은 왜 있을까? ·········· 120
코딱지는 왜 생길까? ·········· 122
발은 왜 저릴까? ·········· 124
〔몸으로 놀자!〕 ·········· 126
빨리 달리려면 어떻게 해야 할까? ·········· 128
머리카락은 모두 몇 개나 될까? ·········· 130
머리카락은 얼마나 빨리 자랄까? ·········· 132
왜 다르게 보일까? ·········· 134
중이염에 왜 걸릴까? ·········· 138
하품은 왜 나올까? ·········· 140

자연에 관한 과학 상식 • 아하, 그렇구나!

무지개는 왜 생길까? ·············· 144
바다는 왜 파랄까? ·············· 146
달은 왜 여러 모양으로 바뀔까? ·············· 148
달의 바다로 여행을 떠나자! ·············· 150
흙은 무엇으로 이루어져 있을까? ·············· 152
화산은 왜 폭발할까? ·············· 154
다이아몬드는 어떻게 만들어질까? ·············· 156
보석은 어떻게 만들어질까? ·············· 158
열기구는 어떻게 하늘에 뜰까? ·············· 160
태양은 얼마나 뜨거울까? ·············· 162
태풍은 어디서 올까? ·············· 164
슈퍼 태풍이 뭘까? ·············· 166
정글은 어떤 곳일까? ·············· 168
산소는 언젠가 없어질까? ·············· 170
남극 기지는 어떤 곳일까? ·············· 172

부모님께 ·············· 174

음식에 관한 과학 상식
아하, 그렇구나!

음식에 관한 과학 상식

생선 초밥에는 어떤 생선을 쓸까?

크기도, 사는 장소도 다른 다양한 생선을 써요.

참다랑어

연어

고등어

참다랑어
몸길이 약 1~3미터. 전 세계의 바다를 돌아다니며 자라요.

고등어
몸길이 약 45센티미터. 봄에 제주도 주변에서 북쪽으로 올라왔다, 가을에 남쪽으로 내려가요.

수컷

암컷

연어 알 미로 찾기
출발
도착

연어
몸길이 최대 1미터. 가을에 강에서 태어나 봄이 되면 바다로 이동해요. 다 자라면 태어난 강으로 거슬러 올라와 알을 낳아요.

 연어 알에서 미로 찾기를 해 보세요.

생선 초밥에 쓰는 생선은 주로 바다에 살아요. 따뜻한 바다, 차가운 바다, 해안 근처 바다, 먼바다 등 다양한 곳에 사는 생선들을 쓰지요. 생김새와 크기도 모두 달라요.

다랑어
몸길이 약 50센티미터에서 1미터. 따뜻한 바다에 살아요. 봄에 우리나라 주변 바다까지 왔다가 가을에 남쪽으로 이동해요.

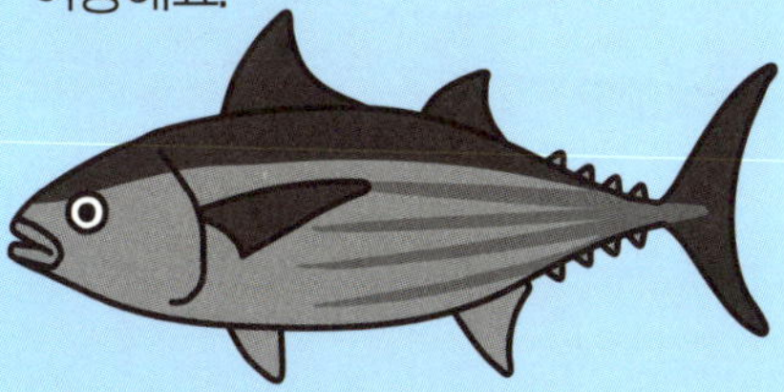

마래미 (방어 새끼)
몸길이 약 40센티미터.

방어
몸길이 약 80센티미터. 한국, 일본에서 하와이 사이에 있는 태평양에 살아요. 새끼 때는 마래미, 커서는 방어로 불려요.

잿방어
몸길이 약 1.5미터. 방어보다 더 따뜻한 바다에 살아요.

생선 초밥에 쓰이는 다양한 바다 생물

전어사리
몸길이 20센티미터 정도인 전어 새끼를 전어사리라고 해요. 크면 전어로 이름을 바꿔 불러요.

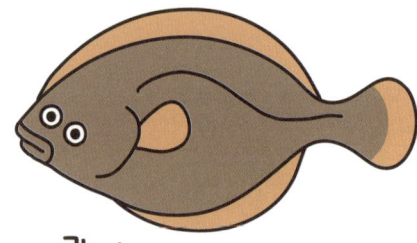

광어
몸길이 50~80센티미터. 바다 밑 모랫바닥에서 살아요. 양쪽 눈이 몸 왼쪽에 몰려 있어요. 특히 쫄깃쫄깃한 등지느러미 살은 생선 초밥 중에서도 인기가 많아요.

갯가재
몸길이 약 20센티미터. 바닷속 모래나 진흙에 구멍을 파고 그 속에서 살아요.

전어
몸길이 약 25센티미터.

갯가재

전어사리

광어

물고기만 생선 초밥으로 쓰이는 건 아니에요.
조개나 성게, 갯가재 같은 바다 생물도 훌륭한
초밥 재료가 되지요.

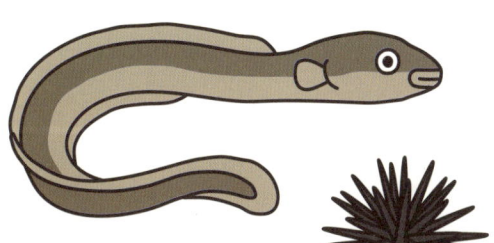

붕장어
몸길이 50~90센티미터.
어릴 때는 해안 근처의
얕은 바다에 살다가
자라면 먼바다로
나가요.

성게
크기 약 10센티미터.
공 모양 몸에 가시가
빽빽하게 박혀 있어요.
해초를 먹으며 자라요.

피조개
크기 약 12센티미터.
살이 붉게 보여서
피조개라는 이름을
얻었어요. 파도가 적은
얕은 바다에 살아요.

붕장어

성게

피조개

음식에 관한 과학 상식

파인애플은 어떻게 열릴까?

땅에서 뻗어 나온 줄기 위에 하나씩 열려요.

이름에 애플(사과)이라는 말이 들어 있지만, 사과처럼 나무에서 열리지 않아요. 파인애플은 땅속에서 올라온 줄기 위에 열매를 맺어요. 알고 보면 약 150개의 작은 열매가 하나로 모여 있는 과일이지요.

3 꽃이 피어요
자주색 작은 꽃이 무더기로 피어요.

1 처음에 새끼 그루를 심어요
씨를 뿌리는 게 아니에요.

2 꽃이삭이 나와요
자라면 꼭대기에 솔방울처럼 붉은색 꽃이삭이 달려요.

16

음식에 관한 과학 상식

통조림 귤은 어떻게 껍질을 벗길까?

산성 용액으로 얇은 껍질을 녹여서 벗겨 내요.

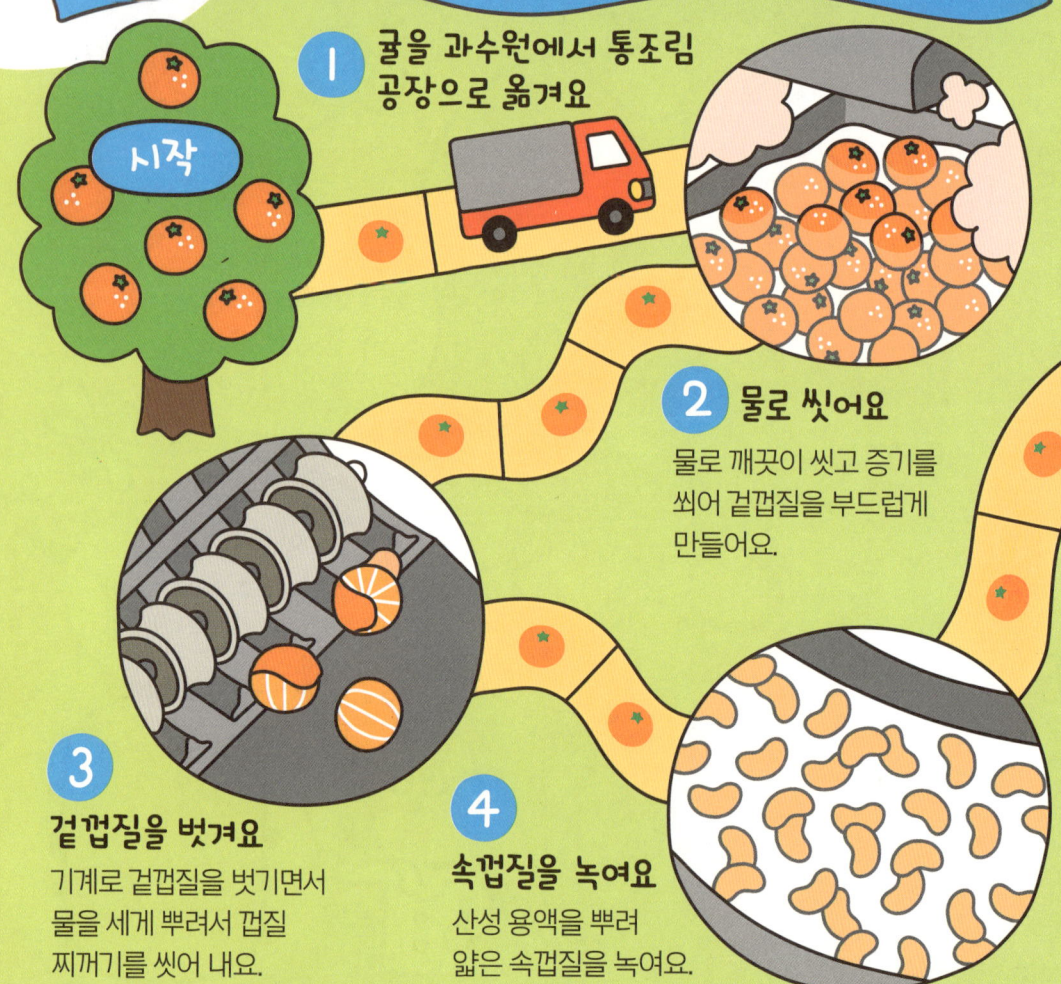

1. 귤을 과수원에서 통조림 공장으로 옮겨요

2. 물로 씻어요
물로 깨끗이 씻고 증기를 쐬어 겉껍질을 부드럽게 만들어요.

3. 겉껍질을 벗겨요
기계로 겉껍질을 벗기면서 물을 세게 뿌려서 껍질 찌꺼기를 씻어 내요.

4. 속껍질을 녹여요
산성 용액을 뿌려 얇은 속껍질을 녹여요.

두꺼운 겉껍질은 기계로 벗겨 내고, 안쪽의 얇은 속껍질은 레몬 즙처럼 시큼한 맛이 나는 산성 용액으로 녹여요.

5 산성 용액을 씻어 내요

산성 용액은 정반대 성질을 지닌 알칼리성 용액을 뿌려 시큼한 맛을 없애요.

6 물로 헹궈요

물로 깨끗이 헹궈 시럽과 함께 캔에 넣어요.

베이킹 소다를 이용해 얇은 속껍질을 녹여 보자!

알칼리성인 베이킹 소다로도 속껍질을 벗길 수 있어요.

① 귤 1개를 하나씩 떼어 냄비에 담고, 물 500밀리리터와 베이킹 소다 3그램을 넣어요.

② 약한 불에서 2분 정도 끓여요. 이때 부글부글 끓지 않게 해요.

③ 껍질이 녹으면 체에 건져 내고 깨끗한 물로 잘 씻으면 완성이에요.

⚠ 가위바위보 게임! 주먹으로 이기면 1칸, 가위는 2칸, 보는 3칸씩 앞으로 나아가요.

음식에 관한 과학 상식

껌은 왜 늘어날까?

엉켜 있는 조직이 늘어나기 때문이에요.

껌은 가느다란 조직이 엉켜 있는 덩어리예요. 껌이 고무처럼 늘어났다 줄어들었다 하는 것은 엉켜 있는 가는 조직이 늘어나기 때문이에요.

수액으로 껌 베이스 만들기

수액을 채취해요. ▶ 졸여요. ▶ 틀에 넣어요. ▶ 굳으면 꺼내요.

껌 베이스

껌의 원료는 식물

껌은 보통 따뜻한 나라에서 자라는 사포딜라라는 나무의 수액으로 만들어요. 이 수액을 치클이라고 불러요.

껌 베이스로 껌 만들기

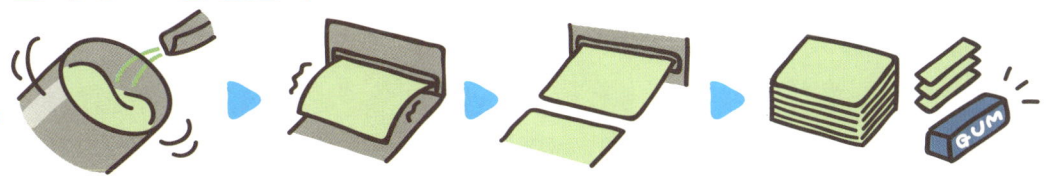

껌 베이스에 설탕과 민트 등을 넣고 치대요. ▶ 얇게 펴요. ▶ 잘라요. ▶ 작게 잘라서 포장해요.

포테이토칩은 우연히 탄생했다고?

요리사와 손님의 싸움이 계기가 된
포테이토칩 탄생 이야기

음식에 관한 과학 상식

딸기 씨에서도 싹이 날까?

오돌토돌한 씨 하나하나에서 싹이 나와요.

딸기 겉에 깨처럼 촘촘히 박혀 있는 게 바로 딸기의 씨예요. 씨를 떼어 땅에 심으면 싹이 나오지요. 딸기를 먹지 않고 그대로 놔두기만 해도 씨에서 싹이 날 때가 있어요.

딸기가 열리기까지

꽃이 펴요.

꽃이 지면 가운데 꽃받침이 부풀어 올라요.

처음에는 흰색이었다가 점점 빨간색으로 변해요.

딸기 씨를 심자!

1 씨를 떼어 물로 잘 씻어요.

2 땅에 뿌려요. 흙은 덮지 말고 그냥 둬요.

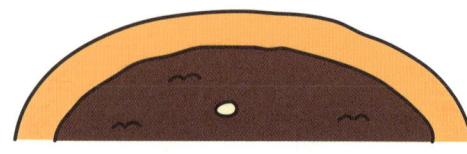

씨 하나하나에서 전부 싹이 튼다고.

점점 빨간색으로 변신!

우리가 먹는 부분은 꽃이 있던 자리에서 부풀어 오른 꽃받침이 커진 거예요. 아주 작을 때부터 씨가 붙어 있어요.

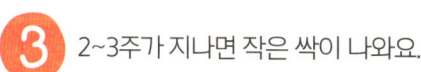
③ 2~3주가 지나면 작은 싹이 나와요.

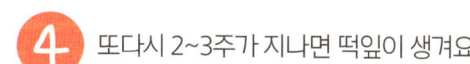
④ 또다시 2~3주가 지나면 떡잎이 생겨요.

음식에 관한 과학 상식

젤리는 왜 탱글탱글할까?

콜라겐이 물을 흡수하면서 굳기 때문이에요.

젤리는 젤라틴이 굳어서 만들어진 거예요. 젤라틴은 동물 뼈와 피부에 있는 콜라겐이라는 물질로 이루어져 있어요. 젤리가 탱글탱글한 것은 콜라겐이 수분을 흡수하면서 굳기 때문이에요.

생선 조림 국물이 식으면 굳는 원리와 같아요

생선을 졸이면 뼈에서 콜라겐이 나와요. 콜라겐이 국물을 흡수하면서 굳기 때문에 식으면 젤리처럼 탱글탱글해지는 거예요.

더 쫀득쫀득한 젤리도 젤라틴으로 만들어요.

"말랑말랑해."

"탱글 탱글"

"물기도 많아."

조직 사이에 수분을 머금은 채로 굳어서 탱글탱글해요.

젤리 만드는 방법
주스 300밀리리터, 가루 젤라틴 5그램

① 물 20밀리리터에 가루 젤라틴 5그램을 불려요.

② 60도로 따뜻하게 데운 주스에 ①을 녹여요.

③ 용기에 담은 다음 냉장고에 넣어서 식혀요.
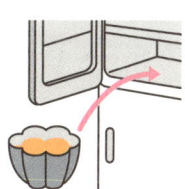

④ 탱글탱글해지면 완성이에요. 살짝 데우면 용기가 잘 떨어져요.

음식에 관한 과학 상식

땅콩은 왜 두 개씩 들어 있을까?

씨가 되는 부분이 두 개이기 때문이에요.

땅콩은 꼬투리 열매를 맺어요. 씨방이 땅속으로 들어가 자란 것이지요. 꼬투리 하나에는 보통 씨가 두 개 들어 있는데, 종종 한 개나 세 개가 든 것도 있어요. 이 씨가 바로 우리가 먹는 땅콩이에요.

땅콩이 열리기까지

1. 아침 일찍 노란색 꽃이 펴요.

2. 낮이 되면 시들어요.

3. 꽃받침통이 자라요. 여기에 씨방 한 개가 들어 있지요.

음식에 관한 과학 상식

떡을 찌면 왜 부풀어 오를까?

안에 있는 수분이 열 때문에 부풀기 때문이에요.

찰떡은 찹쌀로 만들어요. 찹쌀에는 '아밀노펙틴'이라는 전분이 들어 있는데, 이 전분은 꼭 고무 같아요. 떡을 찌면 열 때문에 안에 있는 수분이 증발하면서 부피가 늘어나요. 그러면 전분이 고무처럼 부풀어 오르지요.

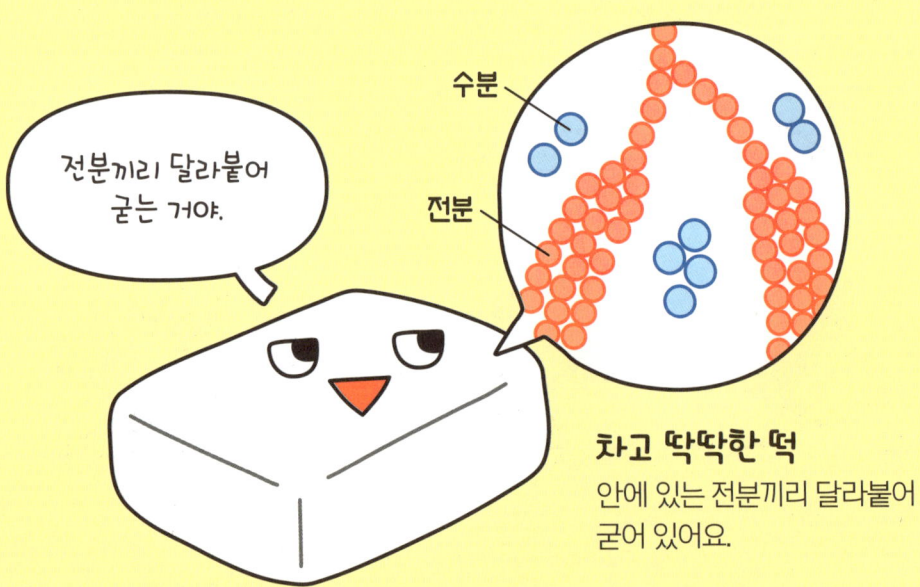

전분끼리 달라붙어 굳는 거야.

차고 딱딱한 떡
안에 있는 전분끼리 달라붙어 굳어 있어요.

물은 열을 가하면 부피가 1,700배 커져요

물을 넣은 플라스크에 고무풍선을 씌워요.

플라스크를 데우면 물이 증발해요.

고무풍선이 크게 부풀어 올라요.

수증기 속 물방울 사이의 거리가 멀어져요.

데워서 부드러워진 떡
전분 사이로 수분이 들어가 부피가 늘어나요.

출발 / 도착

❗ 떡시루에서 미로 찾기를 해 보세요.

일상생활에 관한 과학 상식
아하, 그렇구나!

일상생활에 관한 과학 상식

가위로 어떻게 종이를 자를까?

두 개의 날이 서로 교차되면서 종이가 잘려요.

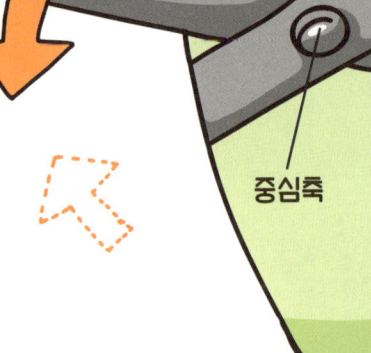

금속으로 된 가윗날

중심축

가위 사이에 종이를 끼우고 가윗날을 누르면 날 사이에 끼인 종이가 미묘하게 어긋나면서 잘려요.

1 종이를 양쪽 가윗날 사이에 끼워요.

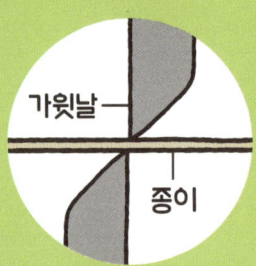

2 가윗날을 누르면 날 사이에 낀 종이가 살짝 어긋나요.

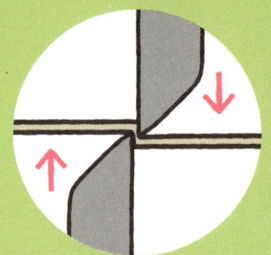

3 가윗날이 엇갈리며 종이가 잘려요.

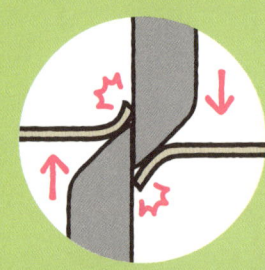

날 사이에 톰새가 있으면

종이가 제대로 잘리지 않아요.
잘 드는 가위는 톰새 없이
양쪽 날이 정확히 맞아요.

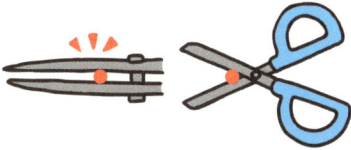

가윗날이 고르지 않으면

종이가 정확히 물리지 않아
제대로 잘리지 않아요.

가위를 잘 들게 하려면

가위로 알루미늄박을 잘라요.
날에 이가 빠진 부분이 메워지지요.
다섯 번 정도 반복해요.

시소에서 무거운 사람을 들어 올리는 것과
가위로 종이를 오리는 것은 같은 원리예요.
작은 힘으로 무거운 것을 들어 올리거나
움직이는 지렛대 원리지요.

일상생활에 관한 과학 상식

변기의 물은 어떻게 내려갈까?

물탱크에서 뚜껑이 열리면서 물이 내려가요.

변기 물탱크 속에는 물이 가득 들어 있어요. 손잡이를 누르면 물탱크 안에 있는 뚜껑이 열리면서 물이 변기로 빠져나가요. 물탱크에 물이 부족하면 부구가 내려와 뚜껑을 닫아서 물이 더 이상 빠져나가지 않게 해요.

이게 바로 변기 속 모습이야.

물탱크에서 물이 흘러나오는 원리

① 손잡이를 누르면 뚜껑이 열리면서 물이 내려가요.

② 물이 줄면 물에 떠 있던 부구가 내려가면서 뚜껑이 닫혀요.

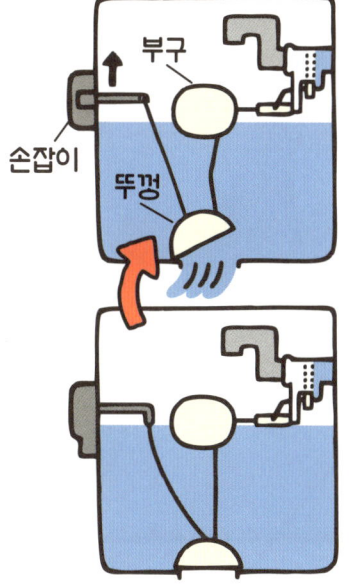

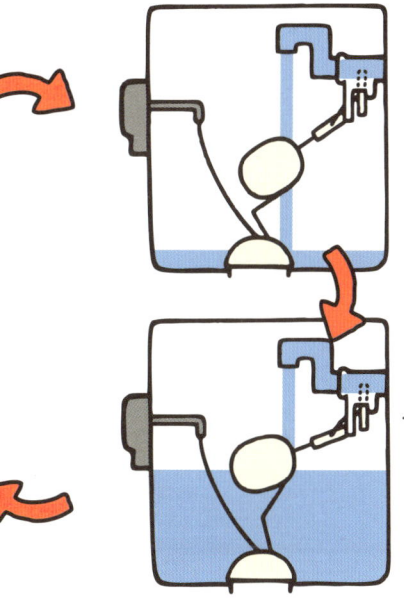

④ 물탱크에 물이 가득 차면 더 이상 물이 나오지 않아요.

③ 물탱크에 물이 고이기 시작하면 부구가 점점 물 위로 떠올라요.

일상생활에 관한 과학 상식

이불을 말리면 왜 폭신폭신할까?

솜 사이로 공기가 들어가기 때문이에요.

자고 있을 때

땀이 밴 섬유가 서로 들러붙어서 이불이 푹 꺼지고 납작해져요.

우리는 잘 때 땀을 흘리는데, 그 땀이 이불 솜에 배면
섬유끼리 들러붙어요. 이불을 말리면 솜 안에 배어 있던
땀이 마르면서 눌린 솜이 다시 부풀어 올라요.
그 사이로 공기가 들어가 폭신폭신해지는 거예요.

이불을 말리면

이불에 밴 땀이 마르면서
섬유 사이에 공기가 들어가요.

폭신 폭신

일상생활에 관한 과학 상식

피아노 안은 어떻게 생겼을까?

현과 해머가 쭉 늘어서 있어요.

피아노 안에는 해머와 기다란 현이 쭉 늘어서 있어요. 건반을 누르면 해머가 튀어 올라 현을 때리고 그 진동으로 소리가 나요. 하나의 현은 하나의 음만 낼 수 있기 때문에 건반과 같은 수만큼의 현이 있어야 해요.

그랜드 피아노 뚜껑의 역할

소리가 울리도록 도와줘요. 뚜껑이 많이 열릴수록 소리가 커져요.

뚜껑

소리가 나는 원리

건반을 누르면 해머가 튀어 올라 현을 때리면서 소리가 나요.

현
해머
건반

일상생활에 관한 과학 상식

곰팡이는 왜 생길까?

공기 중에 있던 곰팡이 균이 달라붙기 때문이에요.

곰팡이는 어디에나 있는 미생물이에요. 지금도 우리 주변에 떠다니고 있어요. 곰팡이가 자라기 좋은 환경이 만들어지면 엄청나게 늘어나지요.

배부르니까 내일 먹어야지.

! 안경 쓴 곰팡이는 어디 있을까요?

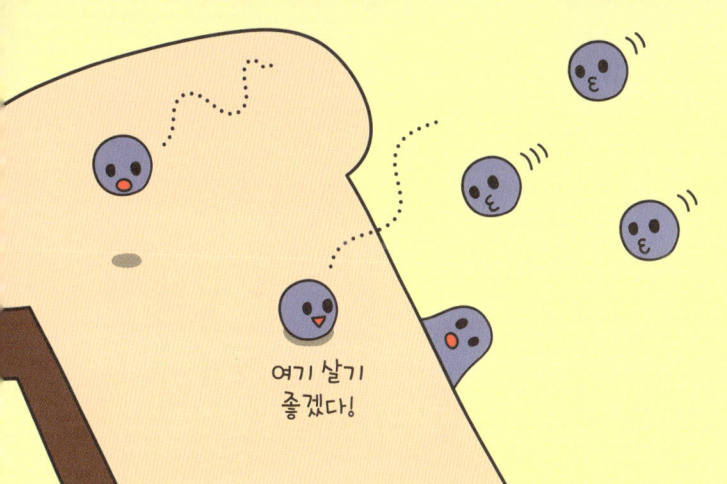

그날 밤

공기 중에 떠다니던 곰팡이 균이 빵의 표면에 달라붙었어요.

빵 표면은 수분과 영양분이 풍부해 곰팡이가 번식하기 좋은 환경이에요.

다음 날

빵에 곰팡이가 피었어요. 곰팡이가 핀 음식을 먹으면 배탈이 나요. 곰팡이가 번식하기 쉬운 곳에 음식을 두면 안 돼요.

일상생활에 관한 과학 상식

바코드는 왜 붙어 있을까?

가격이나 정보를 제대로 나타내기 위해 붙여요.

바코드에 있는 숫자와 선의 굵기는 상품마다 달라요. 선은 상품을 구별하는 일종의 신호라고 할 수 있어요. 바코드 리더기로 읽으면 상품 정보를 바로 알 수 있지요.

과자
2,000원

생선
5,000원

* 수산물과 농산물, 축산물 등은 이력제 번호를 따로 붙이기도 해요.

바코드를 읽어 보자

바코드 밑에 있는 13자리 숫자로 어느 나라의 물건인지, 만든 회사는 어디인지 등 상품에 대한 정보를 알 수 있어요.

8 | 801234 | 560016

국가 코드
어느 나라에서 만들었는지 알 수 있어요.

제조 업체 코드
어느 회사에서 만들었는지 알 수 있어요.

상품 코드
어떤 상품인지 알 수 있어요.

검증 코드
코드가 제대로 입력되었는지 확인하는 숫자예요.

* 국제표준 상품식별코드(GTIN-13) 기준

정보는 가게의 컴퓨터에 입력되어 있어서 바코드를 인식하면 확인할 수 있어요.

일상생활에 관한 과학 상식

유리는 왜 투명할까?

빛을 대부분 통과시키기 때문이에요.

유리를 볼 때
빛이 반사되지 않고 그대로 통과하면 투명하게 보여요. 빛의 일부가 반사되기 때문에 유리가 있다는 것을 알 수 있지요.

사물이 보이는 것은 빛의 반사 때문이에요.
우리는 사물이 반사한 빛을 보고 그 사물을 감지하지요.
유리는 빛을 반사시키지 않고 대부분 통과시키기 때문에
거의 투명에 가까워요. 이렇게 빛을 반사하지 못하는 것은
우리 눈에 잘 보이지 않아요.

나무판을 볼 때
나무판의 표면에서 반사된 빛이 눈으로 들어오기 때문에 나무판이 있다는 것을 알 수 있어요.

일상생활에 관한 과학 상식

동전은 무엇으로 만들까?

다양한 금속을 이용해서 만들어요.

우리나라의 동전은 구리, 니켈, 아연, 알루미늄 같은 금속으로 만들어요. 몇 가지 금속을 섞어서 만들지요. 1원화와 5원화는 이제 거의 사용하지 않아요.

양백 (구리, 아연, 니켈)
만년필 펜촉을 만들 때 이용해요.

백동 (구리, 니켈)
플루트나 클라리넷을 만들 때 이용해요.

지갑 속 동전은 모두 얼마일까요?

황동 (구리, 아연)
트럼펫이나 불교 용품 등을 만들 때 쓰여요.

알루미늄
음료수 캔이나 자전거, 컴퓨터 등을 만들 때 많이 이용해요.

구리를 씌운 알루미늄
전에는 5원과 같은 황동으로 만들었는데, 제조 비용을 낮추려고 2006년부터 이렇게 바꾸었어요.

반짝반짝하게 동전 닦기

동전은 원래 반짝반짝 윤이 나는 금속이에요. 식초를 이용하면 동전에 생긴 녹을 지울 수 있어요. 식초에 충분히 담가 두었다가 물로 깨끗하게 씻어 내요.

마요네즈나 레몬으로 닦아도 윤이 나요.

일상생활에 관한 과학 상식

배는 어떻게 물에 뜰까?

물이 배를 밀어 올리기 때문이에요.

배를 물에 띄우면 배가 밀어낸 물의 무게와 같은 힘이
배를 밀어 올리기 때문에 배가 물에 뜨는 거예요.

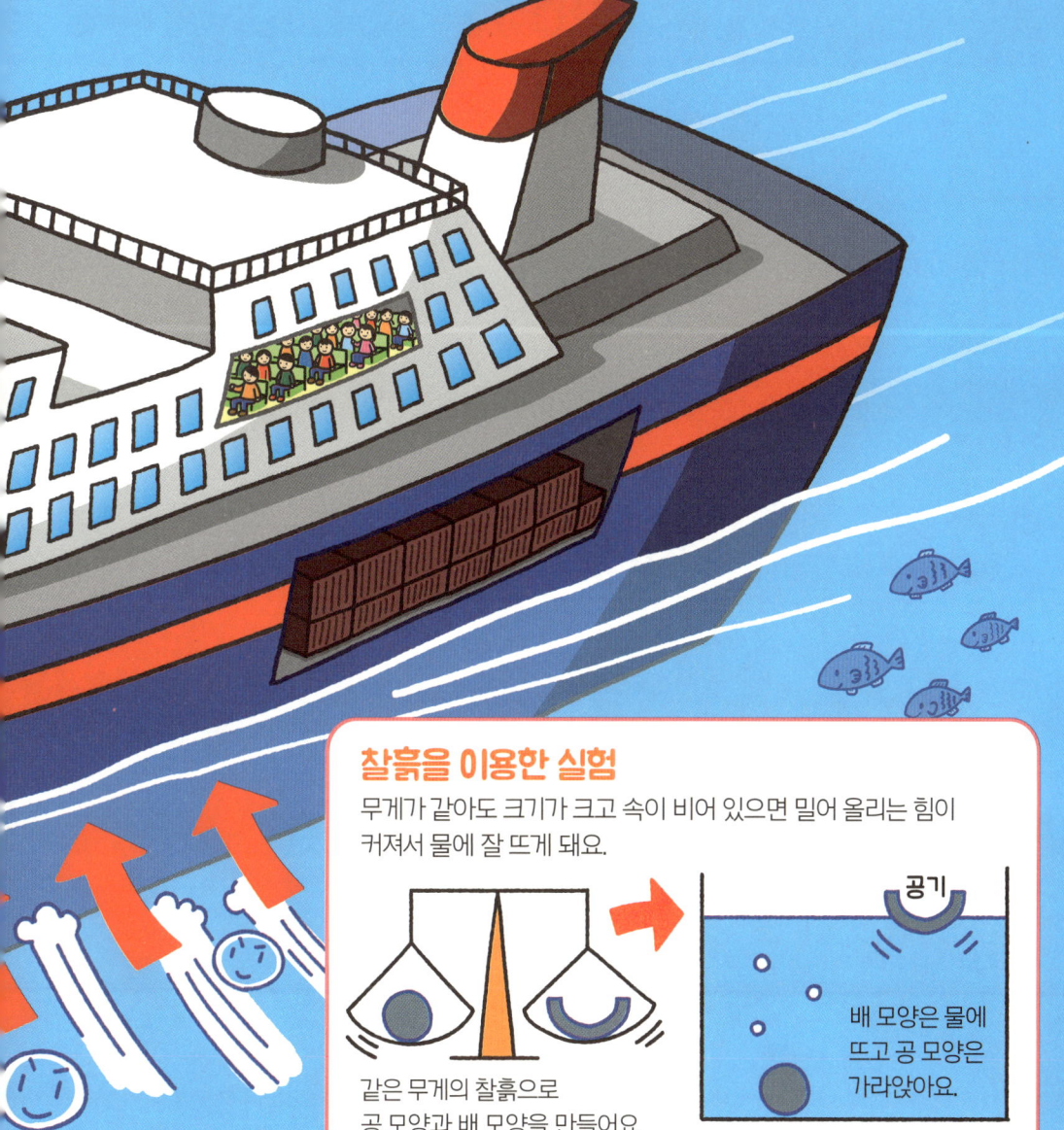

찰흙을 이용한 실험

무게가 같아도 크기가 크고 속이 비어 있으면 밀어 올리는 힘이
커져서 물에 잘 뜨게 돼요.

같은 무게의 찰흙으로
공 모양과 배 모양을 만들어요.

공기

배 모양은 물에
뜨고 공 모양은
가라앉아요.

동물에 관한 과학 상식
아하, 그렇구나!

동물에 관한 과학 상식

고양이는 왜 똥을 모래로 덮을까?

적이 냄새를 맡고 찾아오지 못하게 하는 거예요.

누가 따라올지 모르니까 냄새를 없애야지.

●을 숫자 순서대로 이어 보세요.

고양이의 똥 냄새는 지독해서 그냥 두면 고양이가 있다는 것을 주변에서 알게 돼요. 그래서 고양이는 자기를 해치는 다른 동물들이 알아채지 못하도록 모래를 덮어 냄새를 감춰요. 하지만 모래를 뿌리지 않는 고양이도 있어요.

두목 고양이를 생각해서 냄새를 감춰요

서열이 높은 두목 고양이는 모래를 뿌리지 않을 때가 많다고 해요. 부하 고양이들은 두목 고양이를 생각해서 자기 냄새를 남기지 않으려고 하고요. 집에서 키우는 고양이가 모래를 덮어 냄새를 지우는 것은 주인의 서열이 더 높다고 생각하기 때문일까요?

동물에 관한 과학 상식

어항의 물은 왜 탁해질까?

세균이 오염 물질을 모두 없애지 못해서예요.

물고기 몸에서 나오는 지저분한 물질

먹이 찌꺼기

배설물

어항 안에 있는 물이 탁해지는 가장 큰 이유는
배설물이나 먹이 찌꺼기 같은 것들이 늘기 때문이에요.
어항에는 원래 '청소부 세균'이 살고 있어서 지저분한 것들을
먹어 치워요. 하지만 먹이를 너무 많이 줘서 먹이 찌꺼기나
물고기의 배설물이 늘어나면 청소부 세균이 다 먹지 못해
어항 안에 있는 물이 더러워지고 탁해지고 말아요.

곤충들은 어떻게 겨울을 날까?

동물에 관한 과학 상식

동물에 관한 과학 상식

판다는 어떻게 울까?

메에~ 하고 염소와 비슷하게 울어요.

판다도 울어요. 평소에 소리를 잘 내지 않아서 울음소리를 듣기 어려울 뿐이지요. 판다는 염소와 말 울음소리를 섞어 놓은 것과 비슷하게 '메에~' 하고 울어요. 기분이 아주 좋을 때 내는 소리지요. 화가 나면 '앙앙!' 하며 강아지와 비슷한 소리를 낸다고 해요.

대나무에서 미로 찾기를 해 보세요.

동물에 관한 과학 상식

개는 왜 전봇대에 오줌을 눌까?

다른 개에게 자기 영역을 알리기 위해서예요.

개는 지나는 곳에 오줌을 눠서 영역을 표시해요.
이곳을 자기의 영역으로 하겠다는 걸 다른 개에게 알리는
것이지요. 개는 다른 개의 오줌 냄새를 맡고 어떤 개가
언제 왔는지 알 수 있으니까요. 영역 표시는 대개
수컷들이 하는데, 기가 센 암컷이 할 때도 있어요.

동물에 관한 과학 상식

새는 귀가 어디에 있을까?

깃털 안에 숨어 있어서 잘 보이지 않아요.

새는 귀가 머리의 옆쪽, 눈 뒤에 있어요. 겉에서는 보이지 않지만 깃털을 들춰 보면 귓구멍이 있어요.

깃털을 들추면 귓구멍이 보여.

귀가 밖으로 튀어나와 있으면 날 때 걸리적거릴 거야.

다른 새들의 귀는 어떨까요?

귀

잉꼬

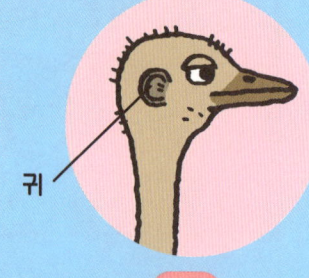

귀

타조

만약 새의 귀가 쑥 나와 있다면 날 때 바람의 저항을 받아 날기가 어려울 거예요. 구멍만 있는 게 훨씬 편하지요.

귀가 밝은 올빼미의 비밀

올빼미는 먹이가 내는 아주 작은 소리도 들을 수 있어요.
얼굴에 움푹 들어간 곳이 파라볼라 안테나같이 생겨서 소리를 잘 모으거든요.
이렇게 모은 소리를 귀로 전달하지요.

동물에 관한 과학 상식

민달팽이와 달팽이는 같은 생물일까?

둘 다 연체동물이지만 다른 생물이에요.

달팽이의 껍데기를 벗기면 민달팽이가 된다고 생각하기 쉽지만, 사실 이 둘은 다른 생물이에요. 둘 다 뼈가 없고 몸이 부드러운 연체동물이라서 움직이는 모습이 닮았고, 축축한 곳에 사는 것도 비슷해요. 하지만 민달팽이는 껍데기가 없어서 다른 종류로 분류돼요.

달팽이

나랑 비슷하네?

달팽이 껍데기의 비밀

껍데기에 소용돌이무늬
태어날 때부터 껍데기에 소용돌이무늬가 한 바퀴 반이 감겨 있어요. 한 달 정도 지나면 두 바퀴 반으로 늘어나요.

자라면 휘어지는 껍데기의 시작 부분
껍데기가 시작되는 부분이 휘어 있는 달팽이는 어른 달팽이예요. 겨울을 난 달팽이는 껍데기에 선이 생겨요.

민달팽이의 비밀
눈에 잘 보이지 않지만 민달팽이도 껍데기와 비슷한 얇은 칼슘층을 만들어요.

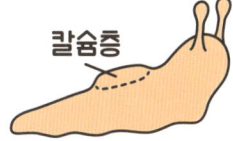

암수 구별이 없어요
달팽이도, 민달팽이도 암컷 수컷의 구별이 없지만 짝짓기를 하고 알을 낳아요. 대촉각 주변에 알을 낳는 구멍이 있어요.

헉, 우리 둘 엄청 닮았다!

민달팽이

- 눈
- 대촉각: 크게 움직이면서 방해물이 없는지 살펴요.
- 소촉각: 냄새를 탐지하며 먹이를 발견해요.

동물에 관한 과학 상식

개구리의 눈은 왜 튀어나왔을까?

주위를 잘 살펴보기 위해서예요.

개구리는 머리를 그대로 둔 채 눈을 이리저리 돌려 주변을 살펴요. 위험한 적이 있는지 알아내고 먹잇감을 재빨리 찾아내기 위해서예요.

새다! 위험해!

개구리는 큰 먹잇감을 꿀꺽 삼킬 때도 눈의 힘을 이용해요. 눈알을 살 속으로 꾹 들어가게 하면 먹잇감을 목 안으로 밀어 넣기가 쉬워요.

동물에 관한 과학 상식

물고기는 어떻게 물속에서 살 수 있을까?

물속에서 아가미로 호흡하기 때문이에요.

인간은 폐로 공기 중의 산소를 들이마시는데, 폐는 물속에서 사용하지 못해요. 물고기는 폐가 아니라 물속에서 호흡할 수 있는 아가미로 호흡해요.

숨을 못 쉬겠어.

산소통이 없으면 호흡할 수가 없어.

올챙이

아가미 호흡을 하는 생물들

잠자리 애벌레

아홀로틀

아가미 이외에 다른 기관으로 호흡하는 생물

폐 호흡을 하는 가물치
공기 중에서 숨을 들이마시고 폐로 호흡해요. 물속에서는 숨을 멈춰요.

장 호흡을 하는 미꾸라지
공기 중에서 숨을 들이마시고 장으로 호흡해요. 아가미도 써요.

물에 녹은 산소를 들이마셔요
아가미는 빗처럼 가닥가닥 나뉘어 있어요. 입으로 물을 빨아들일 때 산소도 같이 빨아들여요.

아가미 산소

동물에 관한 과학 상식

깊은 바다에는 어떤 생물이 살까?

입이 큰 물고기, 눈이 큰 물고기 등이 살아요.

길고 날카로운 어금니

귀신고기
몸에 비해 머리가 아주 커요.

입이 큰 물고기

펠리컨장어
크기가 1미터이며, 아주 작은 이빨이 많이 나 있어요.

바다 물고기 대부분은 수면에서 200미터 아래에 살아요.
400미터 이상 내려가면 빛이 거의 없어서 먹이가 적거든요.
그래서 깊은 바다에 사는 물고기들은 먹잇감을 잘 찾기 위해
눈이 크거나, 확실히 물어뜯을 수 있게 어금니가 길거나,
한꺼번에 많이 먹을 수 있게 입이 아주 커요.

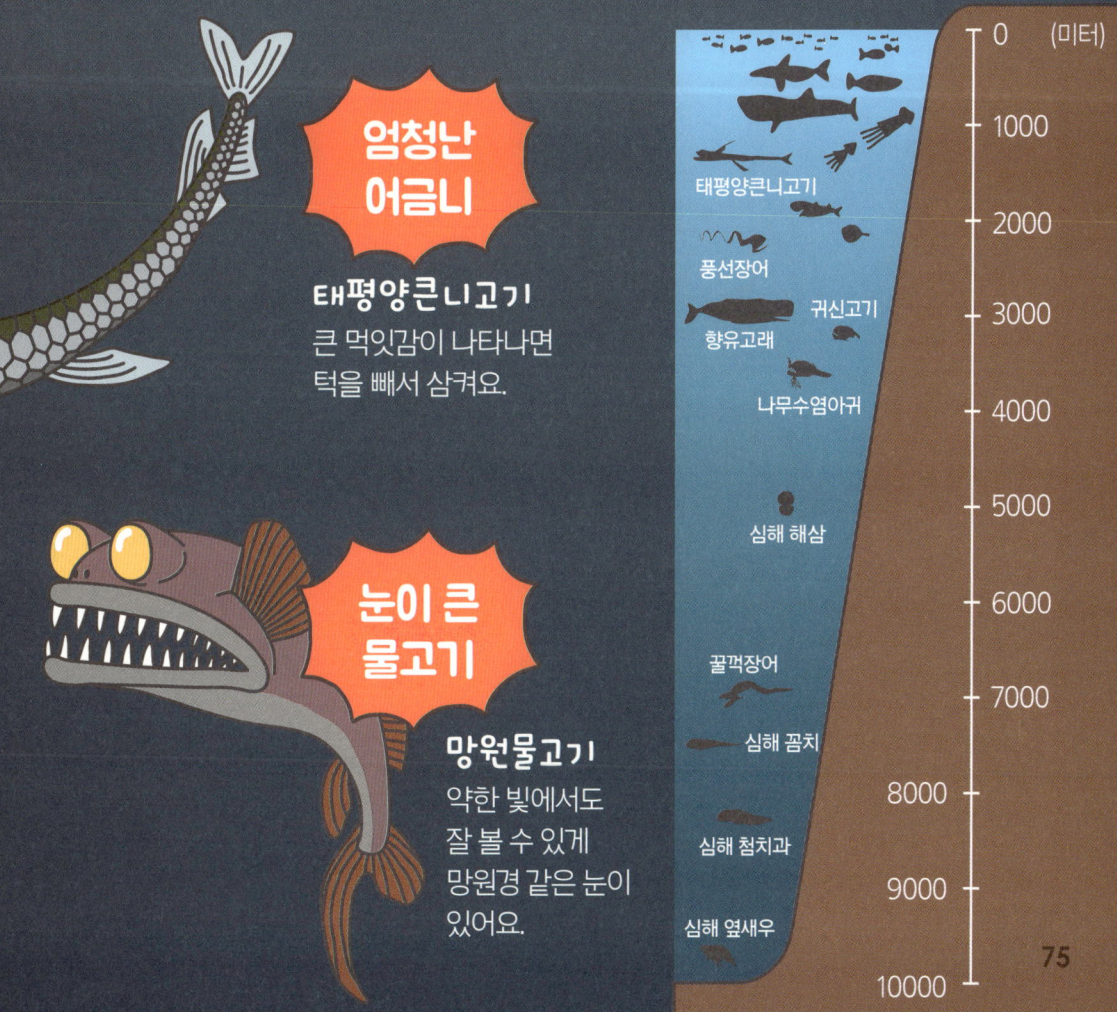

엄청난 어금니

태평양큰니고기
큰 먹잇감이 나타나면 턱을 빼서 삼켜요.

눈이 큰 물고기

망원물고기
약한 빛에서도 잘 볼 수 있게 망원경 같은 눈이 있어요.

심해에 사는 희귀한 생물

*정식 국명이 없는 경우, 영어 일반명을 번역해서 쓰거나 학명을 우리말로 소리 나는 대로 적었어요.

배시노무스 기간테우스
수심 200~1,000미터
크기 20~40센티미터
쥐며느리를 닮았어요.

비늘발고둥
수심 2,000~2,500미터
크기 2~3센티미터
껍데기가 세 개의 층으로 이루어졌어요.

키다리게
수심 200~100미터
집게발 포함 약 3미터
세계에게 가장 큰 갑각류예요.

먹장어
수심 20~250미터
크기 30~50센티미터
턱이 없어서 먹이에 달라붙어 살을 파먹어요.

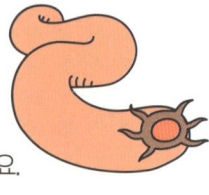

통구멩이
수심 약 100미터
크기 30센티미터
바닥에 몸을 숨긴 채 생활해요.

무지개해파리
수심 약 1,000미터 / 갓의 폭 2~3센티미터
움직일 때 알록달록 빛이 나요.

큰입멍게
수심 300~1,000미터
크기 약 15센티미터
멍게와 비슷한 생물이에요.

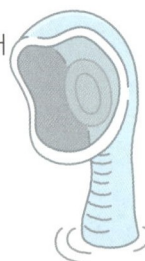

티부로니아
수심 600~1,500미터
갓의 폭 70센티미터
짙은 붉은색 해파리예요.

덤보문어
수심 700~2,500미터
크기 20센티미터
지느러미가 귀처럼 보여요.

갈라파고스민고삐수염벌레

수심 약 2,500미터
크기 약 2미터
햇빛 없이 영양분을
만들어요.

초롱아귀

수심 200~800미터
크기 약 60센티미터
빛을 내어
먹이를 유인해요.

짧은코배트피시

수심 200~1,000미터
크기 약 25센티미터
납작하게 생긴
물고기예요.

매크로핀나 미크로스토마

수심 400~2,500미터
크기 약 15센티미터
머리가 투명해서
훤히 보여요.

부채지느러미아귀

수심 800~1,700미터
크기 약 18센티미터
지느러미가
크고 긴 아귀예요.

우무문어

수심 200~1,000미터
크기 10~25센티미터
다리 사이가 막으로
덮여 있어요.

풍선장어

수심 2,000~4,000미터
크기 1~2미터
기다란 꼬리 끝에서 빛이 나요.

긴촉수매퉁이과

수심 600~1,300미터
크기 20~25센티미터
지느러미가 길어서
다리처럼 생겼어요.

블롭피시

수심 600~1,200미터
크기 약 30센티미터
앞에서 보면
사람 얼굴 같아요.

가시줄상어

수심 200~1,300미터
크기 20~40센티미터
배에서 빛이
나요.

동물에 관한 과학 상식

장수풍뎅이는 어떻게 자랄까?

허물을 여러 번 벗으면서 몸이 점점 커져요.

곤충은 허물을 벗으면서 성장해요. 이를 탈피라고 하지요. 장수풍뎅이 애벌레는 세 번 허물을 벗고 번데기가 돼요. 클 수 있는 기회는 탈피할 때뿐이에요. 어른벌레가 되면 탈피를 하지 않거든요.

여름이 끝날 무렵 암컷이 땅속에 알을 낳아요.

2주 정도 지나면 애벌레가 나와요.

1령 애벌레

많이 먹고 쑥쑥 커야지.
탈피1
2령 애벌레

이대로 겨울을 나자!
탈피2
3령 애벌레

낙엽이 가득 들어 있는 부엽토나 장수풍뎅이용 매트에서 키우면 영양분이 많아서 애벌레가 쑥쑥 잘 자라요.

동물에 관한 과학 상식

표범은 왜 얼룩무늬가 있을까?

먹잇감의 눈에 잘 띄지 않기 위해서예요.

햇빛이 사바나의 키 작은 나무나 덤불을 비추면 얼룩얼룩한 그림자가 생겨요. 그래서 표범의 화려한 얼룩무늬도 사바나 같은 초원에서는 오히려 눈에 잘 띄지 않아요. 표범은 이 얼룩무늬 덕분에 눈에 띄지 않고 먹잇감을 덮칠 수 있어요.

좋아, 좋아! 나를 못 보는군.

표범은 아프리카에서 아시아 지역에 걸쳐 서식해요. 정글 주변의 넓은 초원에 살지요. 이런 초원을 사바나라고 해요.

동물에 관한 과학 상식

개미는 왜 줄지어 이동할까?

냄새를 따라 다 같이 이동하기 때문이에요.

개미는 멀리까지 갔다가도 길을 잃지 않고 다시 개미집으로 돌아올 수 있어요. 길을 지날 때 길에 냄새를 묻혀 놓기 때문이지요. 가져오기 어려운 먹잇감을 발견하면 개미집으로 돌아와 동료들을 불러요. 그리고 길에 묻혀 놓은 냄새를 따라 줄지어 먹잇감이 있는 곳으로 가요.

동물에 관한 과학 상식

사자는 어떻게 사냥할까?

1 사자는 수컷 한 마리와 암컷 두세 마리, 그리고 새끼 사자들까지 가족이 함께 살아요. 사자는 주로 살아 있는 동물을 먹어요. 배가 고플 때 암컷 사자들이 사냥을 나가지요.

아빠
엄마1
엄마2
엄마, 배고파요! 밥 주세요!
새끼들

2 웅덩이 근처에 몸을 숨기고 먹잇감이 배부르게 물을 다 먹을 때까지 기다려요.

뭔가 느낌이 이상한데?
응?
오늘 저녁은 너로 한다!

암컷 사자가 숨어 있다가 먹잇감을 덮쳐요.

동물에 관한 과학 상식

괴수와 공룡은 어떻게 다를까?

괴수는 상상으로 만들어 낸 동물이에요.

나, 고지라는 1954년에 영화로 처음 등장했어.

공룡 티라노사우루스는 이런 모습이었어요.

괴수 고지라는 티라노사우루스를 모델로 삼았어요.

키 50미터, 몸무게 2만 톤 ←전혀 달라요→ 키 11~13미터, 몸무게 4~7톤

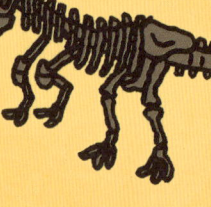

그래, 공룡을 닮은 괴수를 만들어 보자!

나는 공룡이야. 지금은 화석만 남아 있어.

86 영화 감독

괴수는 괴상하게 생긴 짐승이라는 말이에요. 대개 상상으로 만들어 낸 동물이지요. 반면 공룡은 약 2억 년~6,500만 년 전에 실제로 지구에 살았던 거대한 동물이에요. 지금은 멸종되고 화석만 남아 있어요.

실제 동식물을 모델로 삼은 괴수들

괴수 중에는 진짜로 있을 것처럼 생각되는 것들도 있어요.
실제로 살아 있거나 예전에 살았던 동식물을 모델로 했기 때문이에요.

거미가 모델인 괴수예요.

거미

무궁화 꽃이 모델인 식물 괴수예요.

무궁화 꽃

펭귄이 모델인 괴수예요.

펭귄

공룡 안킬로사우루스가 모델인 괴수예요.

안킬로사우루스

동물에 관한 과학 상식

까마귀는 왜 검은색일까?

적의 눈에 잘 띄지 않기 위해서예요.

동물들은 아주 오랜 시간에 걸쳐 진화를 거듭해 지금의 모습이 되었어요. 까마귀가 검은색으로 진화한 것은 어두운 숲속에서 눈에 띄지 않기 위해서라고 알려져 있어요. 그래야 적의 공격을 피하기 쉽고 먹잇감을 잘 잡을 수 있으니까요.

검은색이 얼마나 좋은지 다들 잘 모르는군.

도착

출발

알록달록한 깃털을 가진 새는 왜 그럴까요? 화려할수록 다른 수컷이나 암컷에게 매력적으로 보이기 때문이에요. 화려한 깃털을 가진 수컷에게 암컷들이 많이 모이는 것을 보고 그런 새를 낳아 번식시킨 게 아닐까요?

극락조

나무에서 미로 찾기를 해 보세요.

동물에 관한 과학 상식

새는 어떻게 하늘을 날까?

뼈가 가볍고 근육이 튼튼하기 때문이에요.

새는 날개를 움직이는 근육이 아주 튼튼해요. 뼈는 속이 비어서 가볍지요. 게다가 먹이를 먹으면 바로 배설을 하기 때문에 항상 몸이 가벼운 상태예요. 몸의 형태도 공기의 저항을 받지 않도록 매끄러운 유선형으로 되어 있어서 새는 하늘을 잘 날 수 있어요.

뼈는 속이 비어 있지만 중간에 받쳐 주는 부분이 있어서 튼튼해요.

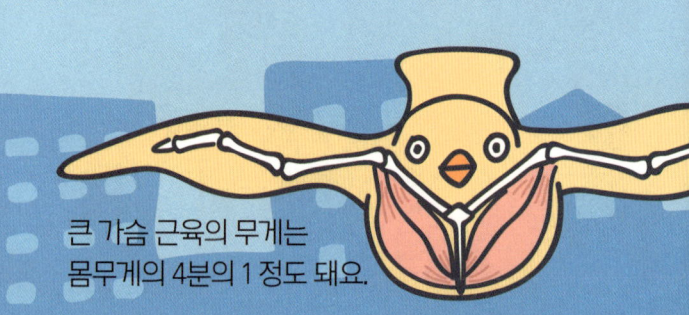

큰 가슴 근육의 무게는 몸무게의 4분의 1 정도 돼요.

가재는 새우와 친구예요. 새우는 끝이 둘로 갈라져 있는 맨 앞다리를 손처럼 사용해서 먹이를 입에 집어넣어요. 그런데 가재의 맨 앞다리인 집게발은 싸울 때도 쓸 수 있도록 진화했어요. 적을 만났을 때나 기 싸움을 해서 먹이를 빼앗을 때 집게발을 번쩍 들어 상대를 위협하지요.

싸우다가 집게발이 빠질 때도 있어요. 하지만 다시 새로운 집게발이 나와요.

우아, 무지 크다! 내 앞다리는 상대가 안 되네.

새우

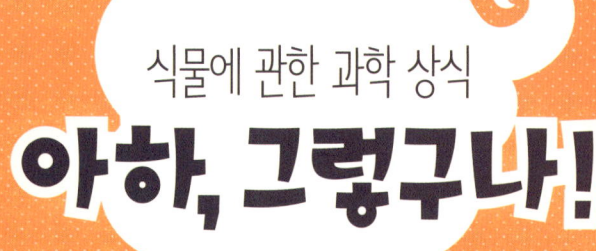

식물에 관한 과학 상식
아하, 그렇구나!

식물에 관한 과학 상식

식물은 어떻게 물만 먹고 자랄까?

물과 빛을 이용해서 스스로 영양분을 만들어요.

물만 주는데도 식물이 쑥쑥 자라는 것은 초록색 잎이 스스로 영양분을 만들기 때문이에요. 햇빛과 공기 중에 있는 이산화 탄소를 이용해 영양분을 만들지요. 흙에 녹아 있는 영양분도 빨아들여요.

물과 영양분이 필요해.

일어서!

❗ 수염 난 지렁이를 찾아보세요.

식물에 관한 과학 상식

장미에는 왜 가시가 있을까?

사슴 같은 동물에게 먹히지 않기 위해서예요.

장미 가시는 줄기의 껍질이 뾰족하게 변한 거예요. 날카로운 가시가 있으면 사슴처럼 풀을 먹는 초식 동물이 잘 먹지 않아요. 가시에 찔려 상처를 입기도 하니까요. 장미의 가시는 동물들에게 쉽게 먹히지 않도록 자기를 보호하기 위해 생긴 거예요.

가시를 이용해 몸을 보호하는 식물

초피나무
높이 약 3미터
꽃 피는 시기 5~6월

일본매자나무
높이 약 2미터
꽃 피는 시기 4~5월

가시엉겅퀴
높이 50~100센티미터
꽃 피는 시기 6~8월

산딸기
높이 약 2미터
꽃 피는 시기 6월

실거리나무
높이 1~2미터
꽃 피는 시기 6월

호자나무
높이 약 1미터
꽃 피는 시기 4~5월

식물에 관한 과학 상식

가을이 되면 왜 잎이 떨어질까?

1. 나뭇잎은 햇빛을 이용해 영양분을 만드는데, 가을이 되면 낮이 짧아지기 때문에 영양분을 충분히 만들 수 없어요.

2. 햇빛이 부족한데 잎이 달려 있으면 잎에 영양분을 뺏겨요.

더는 잎이 필요 없어지기 때문이에요.

3 겨울에는 잎이 없는 편이 나무에게는 고마운 일이에요.

4 이렇게 가을에 잎이 떨어지는 나무를 낙엽수라고 해요.

그래서 추운 지방에서는 상록수를 많이 볼 수 있어요.

식물에 관한 과학 상식

나무는 얼마나 오래 살까?

오래 사는 나무들은 수천 년을 살기도 해요.

감나무, 밤나무, 벚나무같이 주변에서 흔히 볼 수 있는 나무는 대개 100년 정도 살아요. 우리나라에서 가장 오래된 나무는 1,100년 정도를 살았어요. 높이도 42미터로 가장 커요.

양평 용문사 은행나무
키 42미터! 나이 1,100살!
천연기념물 제30호

40미터

10미터

감나무
벚나무
밤나무
사람 80년
코끼리 70년

미국에 있는 자이언트세쿼이아 중에는 나이가 3,500살이 된 것도 있어요. 그런데도 앞으로 2,000년은 더 살 수 있다고 해요.

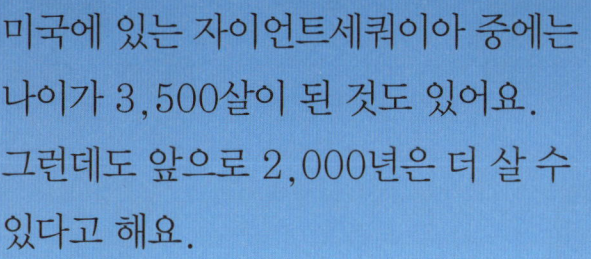

자이언트세쿼이아
키 80미터!
나이 3,500살!

미국
여기

여기 이 껍질은 죽은 거 같은데?

나무는 껍질의 일부가 죽어도 계속 살 수 있어요.

나는 아직도 계속 자라고 있어!

80미터
55미터
42미터
30미터
10미터

용문사 은행나무

감나무 벗나무 밤나무

신기한 세계의

병나무
나무 아래쪽이 병처럼 불룩하게 부풀어 있어요. 오스트레일리아에서 많이 자라요.

바오바브나무
키는 30미터, 둘레는 10미터 정도로, 키에 비해 둘레가 아주 커요. 주로 아프리카에 많아요.

명주솜나무
남아메리카에서 자라요. 줄기는 가시투성이지만 열매는 솜처럼 생겼어요.

나무

포환나무 (캐논볼나무)
대포알처럼 생긴 열매가 주렁주렁 열려요.

자보티카바
줄기에 꽃이 피고 포도 같은 열매가 바로 열려요. 남아메리카에 사는 나무예요.

자이언트세쿼이아
높이가 100미터 가까이 돼요. 자동차가 통과할 정도로 둘레가 넓은 것도 있어요.

용혈수
소코트라 섬에서 자라는 용혈수는 우산 모양이에요. 껍질을 벗기면 붉은색 진액이 나와요.

우리 몸에 관한 과학 상식
아하, 그렇구나!

우리 몸에 관한 과학 상식

오줌은 왜 추울 때 자주 마려울까?

땀을 흘리지 않는 만큼 오줌이 모이기 때문이에요.

몸에서 필요 없는 노폐물은 물과 함께 밖으로 나와요. 겨울에는 땀을 많이 흘리지 않기 때문에 대개 오줌으로 나오지요. 추우면 오줌을 모으는 방광이 수축되어 뇌에서 오줌을 누라는 신호를 자주 보내기 때문에 자주 마려워요.

우리 몸에 관한 과학 상식

손가락은 왜 쪼글쪼글해질까?

피부가 늘어나는 것을 손톱이 막기 때문이에요.

욕조에 오래 몸을 담그고 있으면 살이 불어서 늘어나요. 이때 손가락 끝의 피부도 같이 늘어나는데, 딱딱한 손톱이 어느 정도 이상 늘어나지 않게 막고 있기 때문에 쪼글쪼글한 주름이 생겨요. 팔이나 배는 피부가 늘어나는 것을 막는 것이 없기 때문에 주름이 생기지 않지요.

아하, 손톱 때문이구나!

우리 몸에 관한 과학 상식

햇빛을 쬐면 왜 피부가 탈까?

햇빛으로부터 몸을 보호하기 위해서예요.

햇빛을 오래 쬐면 자외선 때문에 피부가 벗겨지거나 병이 생길 수도 있어요. 그런데 이 자외선은 검은색을 통과하지 못해요. 그래서 우리 몸은 자외선으로부터 피부를 보호하려고 피부를 검게 만드는 거예요.

피부가 검게 그을리는 이유

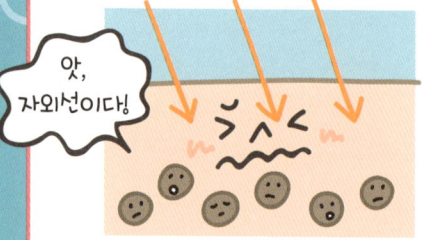

피부 안쪽에 있던 검은 알갱이가 바깥쪽으로 나와요.

검은 알갱이가 피부를 지켜 줘서 자외선이 피부를 통과하지 못해요.

우리 몸에 관한 과학 상식

목소리는 어떻게 날까?

공기가 목 안에 있는 주름을 울리기 때문이에요.

목 안쪽에는 성대라는 게 있는데, 공기가 통과할 때 이 성대에 있는 주름이 울리면서 소리가 나요. 성대의 주름은 평소에 숨을 들이마시거나 내쉴 때는 숨어 있다가 소리를 낼 때만 나와요. 그래서 평소에 그냥 호흡할 때는 소리가 나지 않지요.

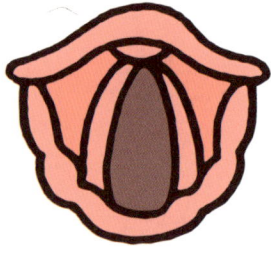

위에서 본 성대

숨을 쉴 때는 성대 주름이 숨어 있어요.

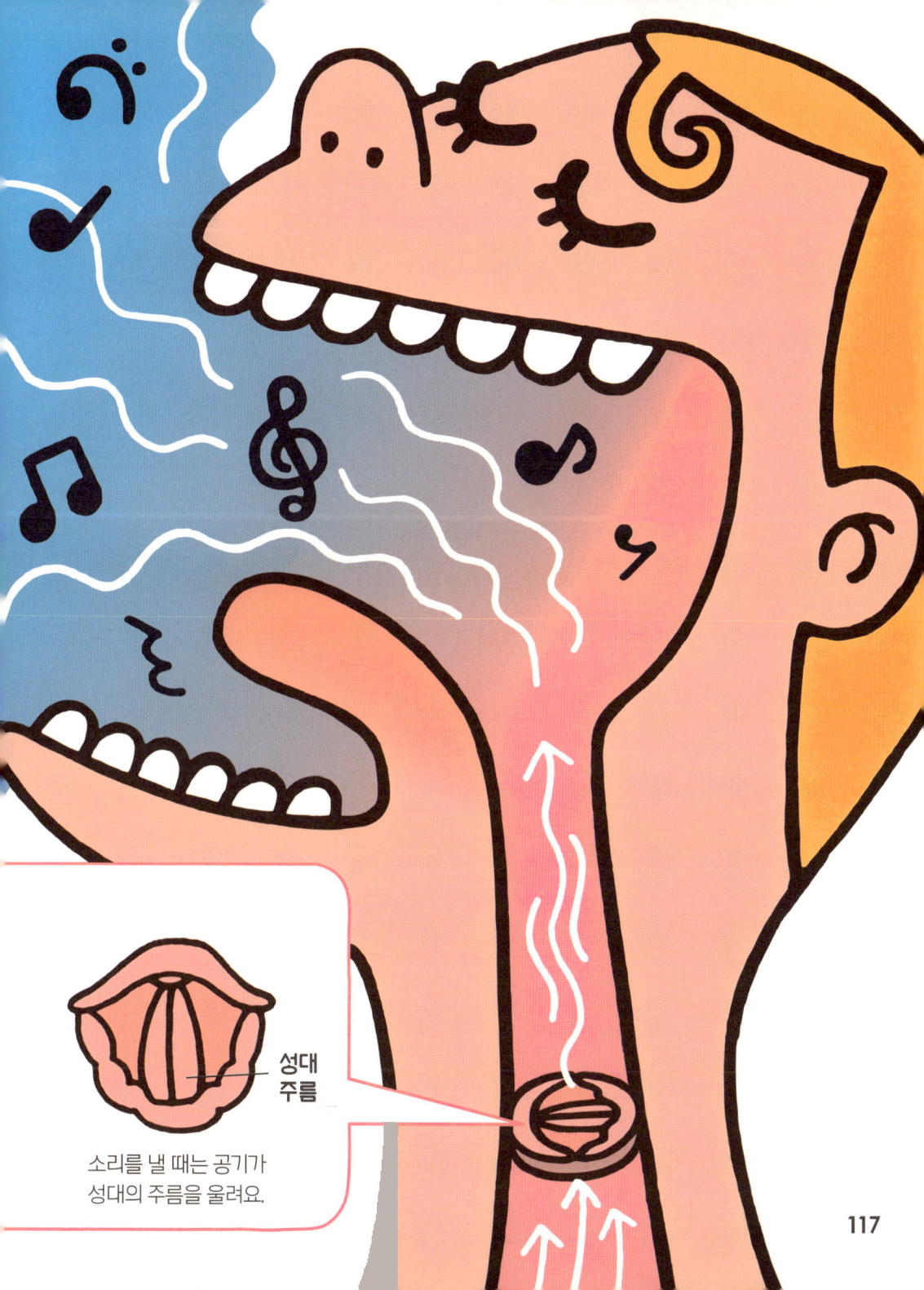

우리 몸에 관한 과학 상식

똥은 왜 갈색일까?

죽은 적혈구가 섞여 있기 때문이에요.

똥에는 여러 가지 것들이 섞여 있어요.
피에 들어 있던 적혈구도 그중 하나예요.
적혈구는 120일 정도밖에 살지 못해요.
죽은 적혈구는 똥에 섞여 몸 밖으로 버려지는데
이때 죽은 적혈구가 '스테르코빌린'이라는 갈색
성분으로 바뀌기 때문에 똥이 갈색으로 보이는 거예요.

똥에 죽은 적혈구가 섞여 있어요.

우리 몸에 관한 과학 상식

배꼽은 왜 있을까?

배 속에 있을 때 영양분을 공급받았던 흔적이에요.

아기는 엄마 배 속에 있을 때 혼자 힘으로 숨을 쉬거나 음식을 먹지 못해요. 엄마의 몸에 연결되어 있는 탯줄로 공기와 영양분을 모두 공급받아요. 아기가 엄마 배 속에서 나오면 더는 탯줄이 필요하지 않기 때문에 탯줄을 잘라 내는데, 탯줄이 있던 자국이 바로 배꼽이에요.

여기가 엄마와 이어져 있던 곳이구나.

우리 몸에 관한 과학 상식

코딱지는 왜 생길까?

먼지가 들어가지 못하게 걸러 주기 때문이에요.

콧속에 있는 코털은 들이마신 공기 속에 섞여 있는 먼지를 걸러 내요. 작은 먼지는 끈적끈적한 콧물에 달라붙어요. 이렇게 걸러 낸 먼지가 뭉쳐진 것이 바로 코딱지예요.

먼지들, 출동이다!

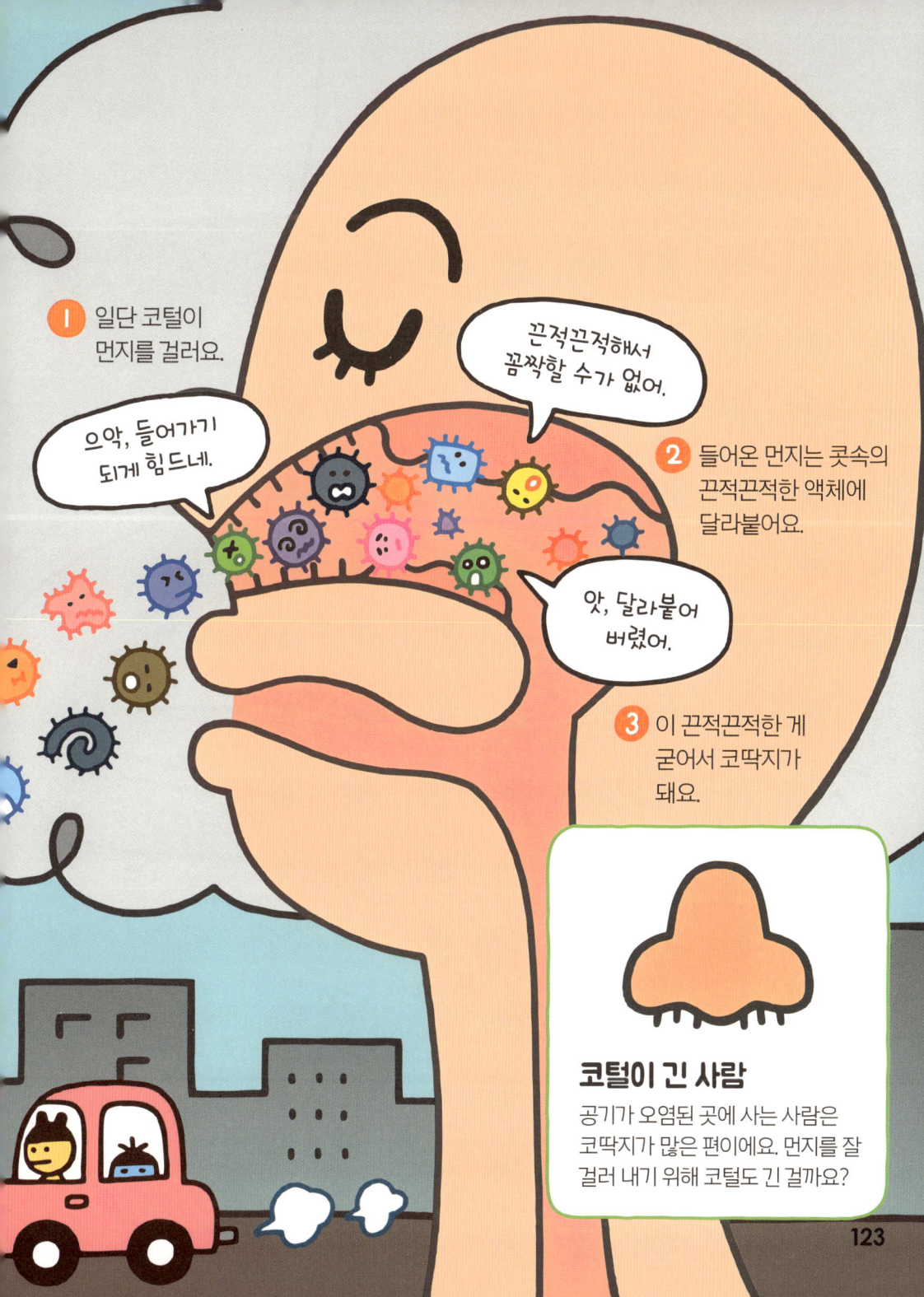

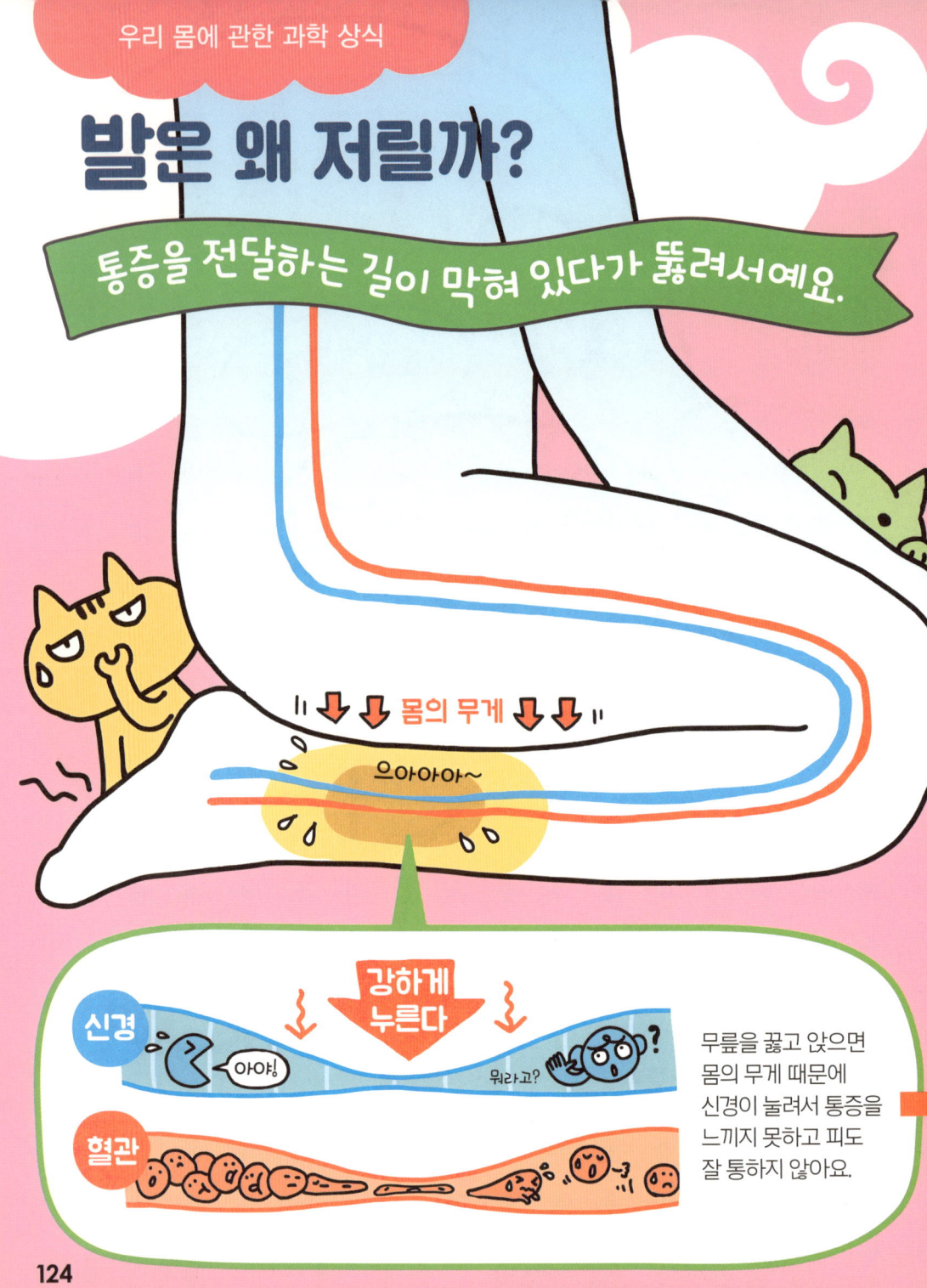

우리 몸은 신경이라는 통로를 통해 통증을 뇌에 전달해요. 무릎을 오래 꿇고 앉았다가 일어나면 눌려서 막혀 있던 신경이 갑자기 뚫리면서 발이 저리는 거예요.

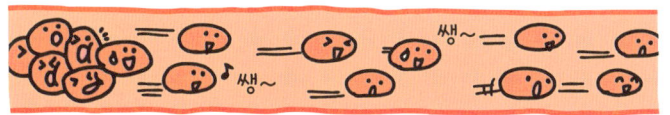

무릎을 펴고 일어나면 갑자기 신경이 뚫려 발이 저려요. 눌려서 제대로 흐르지 못한 피가 갑자기 통하면서 욱신거리는 거예요.

몸으로 놀자!

신기한 손가락

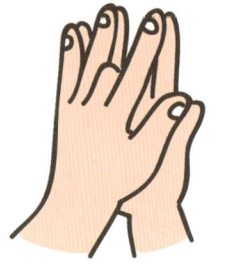  

그림처럼 가운뎃손가락을 접은 상태에서 양손을 붙여요.

먼저 엄지손가락을 떼요. 그런 다음 집게손가락을 떼요.

넷째 손가락을 떼려고 하면 잘 떨어지지 않아요!

팔 길이가 달라진다?

오른팔과 왼팔 길이는 똑같아요.

그런데 오른팔을 세게 몇 번 흔들면

오른팔 길이가 짧아져요!

이상한 손가락 감촉

두 사람이 집게손가락을 맞대요.

상대방의 손가락과 내 손가락을 같이 문지르면 마치 내 손가락이 아닌 것 같은 이상한 느낌이 들어요.

손가락이 굳어요

양손을 꽉 맞잡고 바깥쪽으로 20초 동안 힘껏 잡아당겨요.

손을 천천히 풀면 손가락이 굳어서 잘 펴지지 않아요.

우리 몸에 관한 과학 상식

빨리 달리려면 어떻게 해야 할까?

앞으로 나아가는 에너지를 분산되지 않게 해요.

1 앞으로 나아가는 에너지를 만들어요

다리를 앞뒤로 벌리고 등을 곧게 펴요. 눈은 앞쪽의 결승점을 봐요. 뒷발로 땅을 힘껏 차고 앞으로 나가요.

앞을 똑바로 바라봐요.

뒷발은 몸통보다 뒤쪽에 놓아요.

발바닥에서도 이 부분에 체중을 실어요.

빨리 달리려면 출발할 때 자세를 바로잡고 다리의 힘을 이용해서 재빨리 앞으로 나아가는 힘을 만들어야 해요. 그리고 그 힘이 줄어들지 않도록 팔을 앞뒤로 크게 젓는 것이 중요해요.

2 달리기 시작하면 발을 빨리 움직여요

팔과 다리의 움직임은 연결되어 있어서 팔을 크게 저으면 빨리 달릴 수 있어요.

팔을 젓는 방법

팔을 몸에 붙이고 앞뒤로 곧게 저어요.

팔이 옆으로 벌어지면 몸이 비틀어져 앞으로 나아가는 에너지가 옆으로 분산돼요.

우리 몸에 관한 과학 상식

머리카락은 모두 몇 개나 될까?

평균 10만 개 정도 돼요.

머리카락
굵은 것만 해도 10만 개는 돼요. 가는 것까지 따지면 훨씬 더 많아요.

앗, 흰머리다!

코털
많아요.

머리카락은 셀 수 없을 정도로 많아요.
중요한 기관인 머리를 둘러싸서 폭신폭신하게 보호하지요.
그 밖에 눈이나 코 같은 중요한 곳에도 모양과 크기가
다른 털이 많이 나 있어요.

우리 몸에 관한 과학 상식

머리카락은 얼마나 빨리 자랄까?

3일에 1밀리미터, 한 달에 1센티미터 정도 자라요.

머리의 피부에는 머리카락을 만드는 모낭(털집)이 있어요. 이곳에서 몸속에 있는 영양분과 산소를 이용해 매일 조금씩 머리카락을 자라게 하지요.

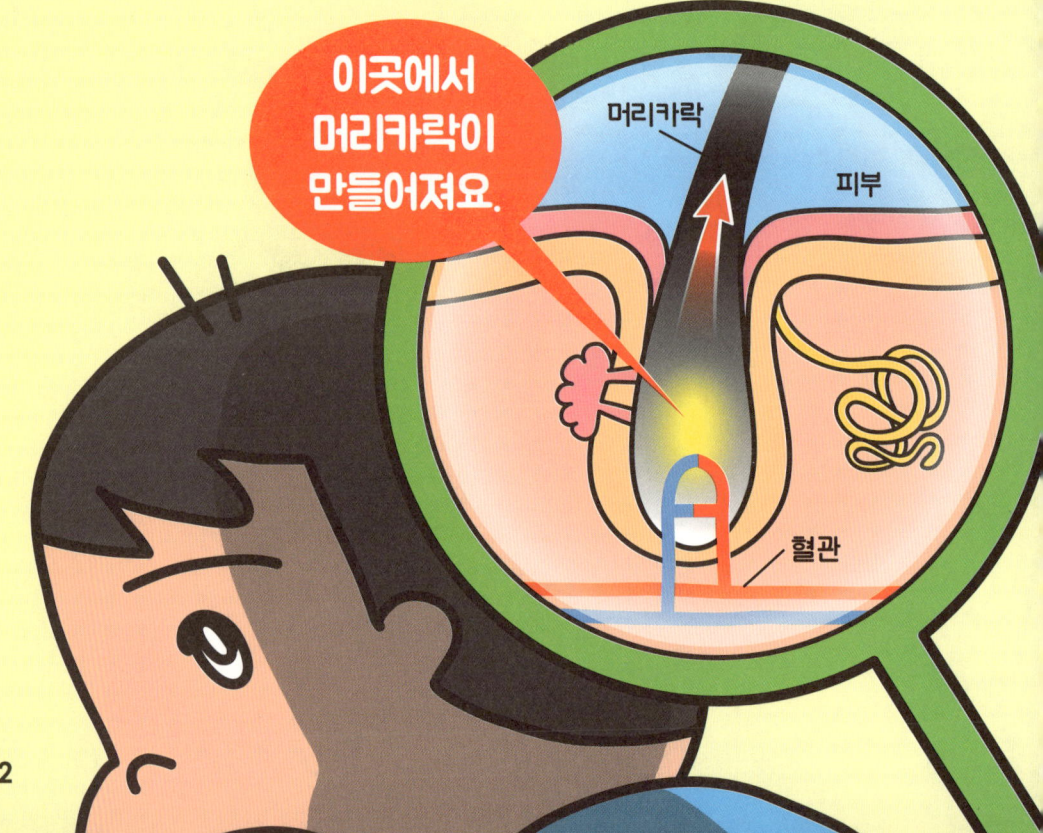

이곳에서 머리카락이 만들어져요.

머리카락

피부

혈관

머리카락은 하루에 50~100개가 빠져요.
빠질 때는 벌써 그 밑에 새로운 머리카락이 자랄 준비를
하고 있지요. 그래서 머리숱이 줄지 않아요.

우리 몸에 관한 과학 상식

왜 다르게 보일까?

왼쪽 그림을 10초 정도 보고 나서 오른쪽 흰 부분을 보면 그림이 다르게 보여요.

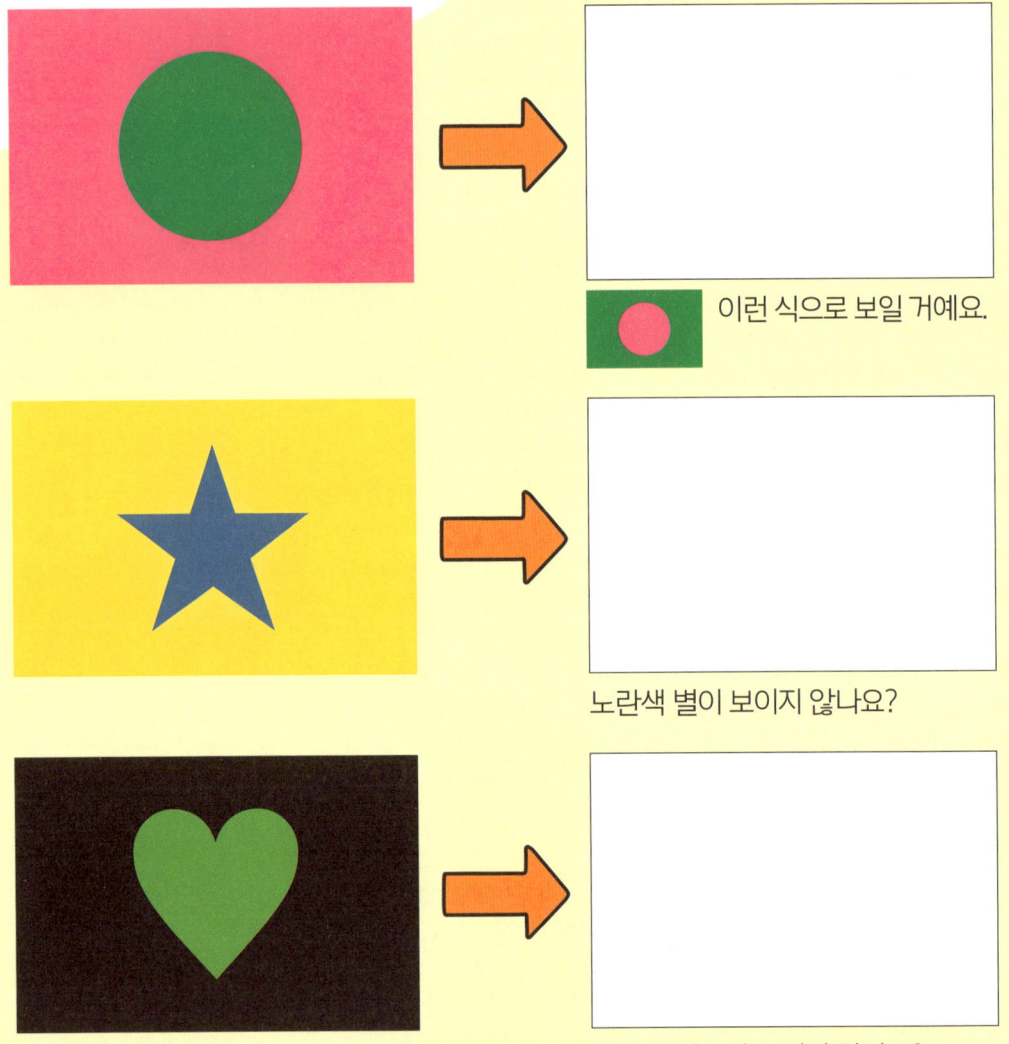

이런 식으로 보일 거예요.

노란색 별이 보이지 않나요?

빨간색 하트가 보이지 않나요?

왜 이렇게 보일까요?

인간의 눈은 방금 본 것이 사라진 뒤에도 감각이 잠깐 동안 남아 있어요. 이것을 잔상이라고 해요. 이때는 자극을 받은 빛과 반대색인 보색이 보여요.

보색

  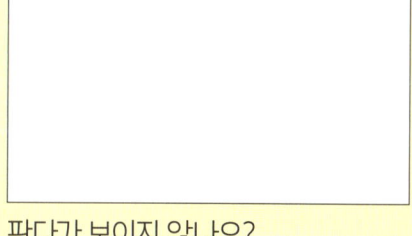

판다가 보이지 않나요?

흰색 곰이 보이지 않나요?

파란색 돌고래가 보이지 않나요?

책을 눈 가까이 대었다 떼었다 몇 번 반복하면 중심 부분이 밝아졌다 어두워졌다 해요.

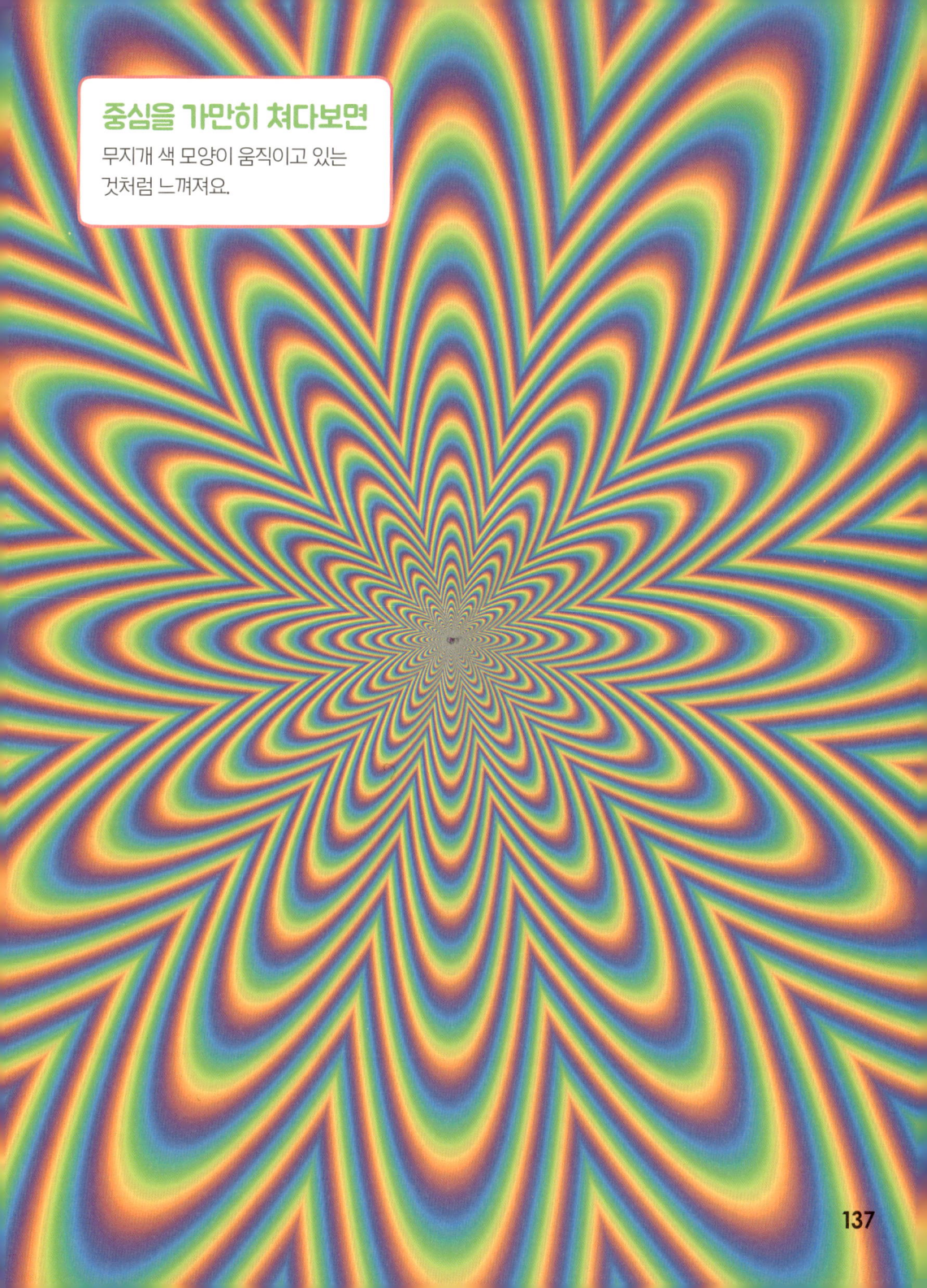

중심을 가만히 쳐다보면
무지개 색 모양이 움직이고 있는 것처럼 느껴져요.

우리 몸에 관한 과학 상식

중이염에 왜 걸릴까?

병균이 코에서 귀로 옮겨 왔기 때문이에요.

중이염은 병균이 귀에 들어와 생기는 병이에요. 귀는 코와 이어져 있어서 코로 들어온 병균이 귀로 옮겨 오기 쉬워요.

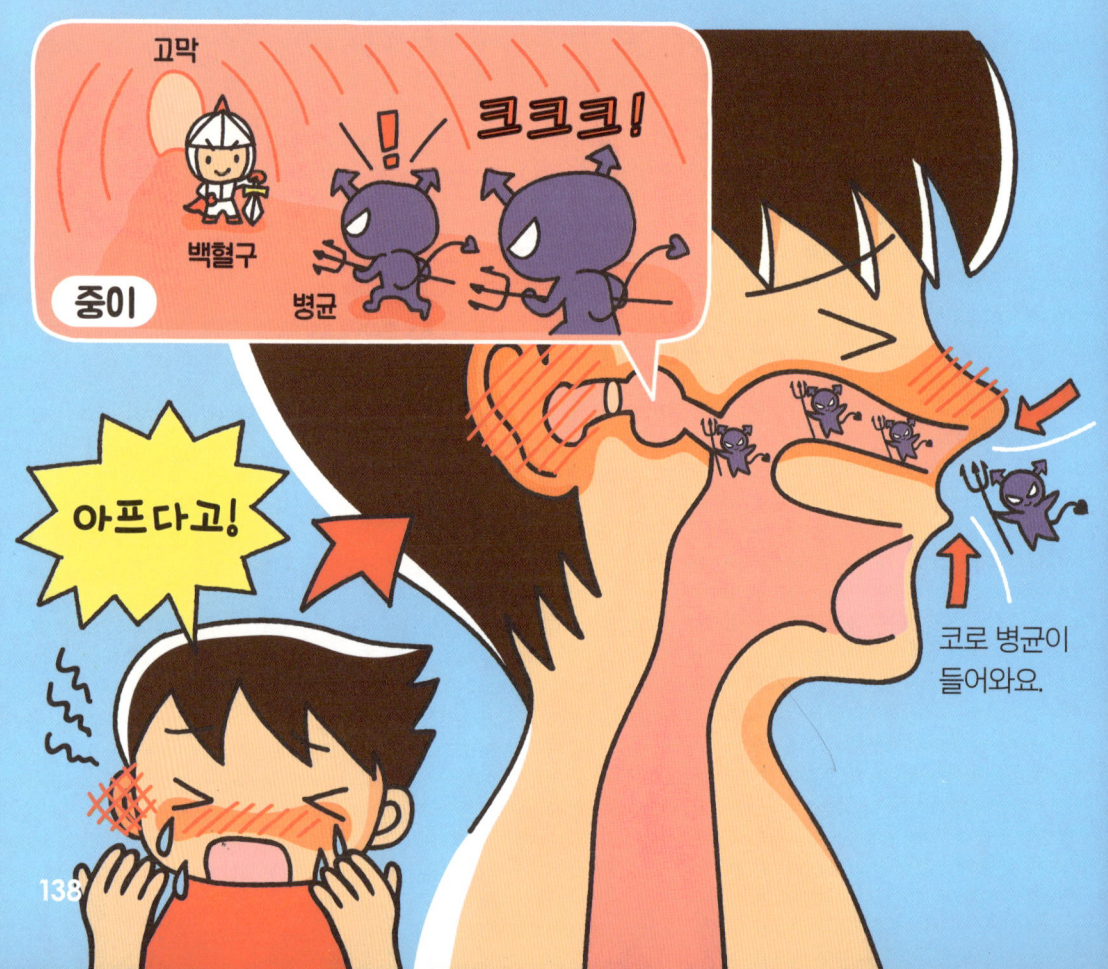

병균이 들어오면 백혈구가 병균과 싸워요. 귀가 아프거나 고름이 나오는 것은 백혈구가 몸을 잘 지키고 있다는 증거예요.

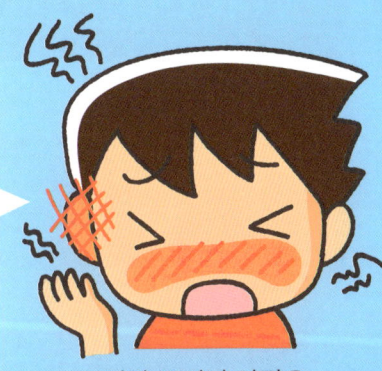

귀가 부어서 아파요.

통증이 멈추고 고름이 나와요.

이제 다 나았어요.

우리 몸에 관한 과학 상식

하품은 왜 나올까?

뇌가 더 활발하게 활동하기 위해서예요.

졸릴 때는 저절로 하품이 나와요. 나도 모르게 입을 크게 벌리고 공기를 깊이 들이마시지요. 이 두 가지 행동은 뇌를 활발히 활동하게 해요. 턱을 움직여 얼굴 근육을 움직이면 뇌가 자극을 받고, 신선한 공기를 들이마시면 뇌의 작용이 활발해져 의식이 또렷해지지요.

공기를 들이마신다

근육을 풀어 준다

뇌에서 미로 찾기를 해 보세요.

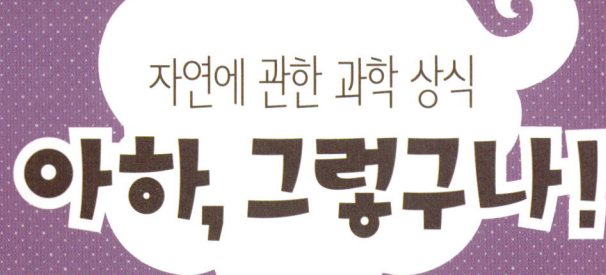

자연에 관한 과학 상식

아하, 그렇구나!

흔히 햇빛은 아무 색이 없다고 생각하지만, 원래는 다양한 색깔이 섞여 있어요. 비가 갠 뒤에는 공기 중에 물방울이 아주 많이 떠 있는데, 물방울이 햇빛을 받으면 원래 가지고 있던 다양한 색깔이 나타나요. 그게 바로 무지개예요.

물방울에서 빛이 굴절돼요
색깔에 따라 굴절되는 각도가 다르기 때문에 여러 색깔로 나뉘어 나타나요.

무지개 속 일곱 요정을 찾아보세요.

자연에 관한 과학 상식

바다는 왜 파랄까?

다른 색은 흡수되고 파란색만 남기 때문이에요.

파란색만 반사된다고!

파란색이 아닌 색은 그대로 흡수돼요.

흡수돼요.

흡수돼요.

바닷물을 떠 보면 아무 색이 없어요. 그런데도 바다가 파랗게 보이는 건 햇빛 때문이에요. 햇빛은 무지개처럼 여러 색이 섞여 있어요. 햇빛이 바다에 닿으면 파란색이 아닌 다른 색은 바닷물에 흡수돼 버려요. 파란색은 물속을 통과해 바닷속에 있는 알갱이에 반사되는데, 그 빛이 우리 눈에 들어오기 때문에 바다가 파랗게 보이는 거예요.

수심이 얕고 물이 깨끗한 바다는 비취색처럼 연한 파란색으로 보여요.

바다는 지구 표면적의 약 70퍼센트를 차지해요. 그래서 우주에서 보면 지구가 파랗게 보여요.

깊은 바다는 짙은 파란색이라서 빨간색 물고기도 파랗게 보여요. 그래서 적의 눈에 잘 띄지 않아요.

자연에 관한 과학 상식

달은 왜 여러 모양으로 바뀔까?

① 달은 둥근 공 모양이에요.
앞에서 빛을 비추면 보름달처럼 아주 동그랗게 보여요.

② 옆에서 빛을 비추면 전체가 빛을 받지 못해요.
한쪽이 차지 않아 달이 이지러져 보여요.

태양 빛이 닿는 부분이 다르기 때문이에요.

지구에서 볼 때 태양 빛이 닿는 부분이 매일 조금씩 달라지기 때문에 우리가 보는 달의 모습이 계속 바뀌는 거예요.

3 뒤에서 비스듬하게 빛을 비추면 초승달처럼 보여요.
빛이 닿는 부분이 다르면 달의 모양도 달라지는 걸 알 수 있어요.

4 달은 항상 지구 둘레를 돌아요. 태양 빛이 닿는 분분과 방향이 달라지기 때문에 날마다 달 모양이 다르게 보이는 거예요.

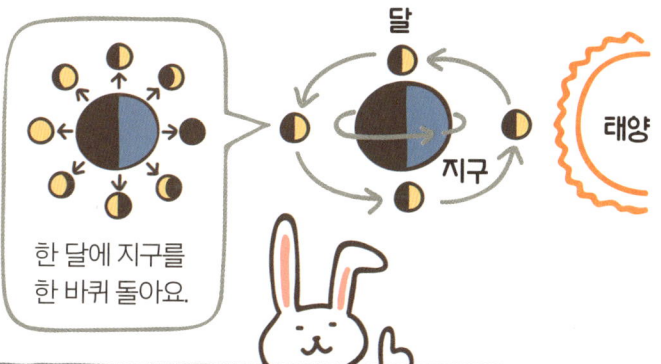

한 달에 지구를 한 바퀴 돌아요.

자연에 관한 과학 상식

달의 바다로 여행을 떠나자!

달에는 '바다'라고 불리는 곳이 있어요. 지구에서 보면 검게 보이는 부분이지요. 그런데 지구의 바다와는 완전히 달라요. 아주 오랜 옛날, 달에 떨어진 별똥별이 구덩이를 만들었는데 땅속에서 올라온 용암이 굳어서 이 구덩이를 메우면서 다른 곳보다 어두운 색의 달의 바다가 만들어졌어요.

1 우주복을 입어야 해요
달의 온도는 낮에는 섭씨 110도를 넘고, 밤에는 영하 170도까지 내려가요. 공기도 없어서 산소통이 달린 우주복이 필요해요.

2 점프하며 걸어요
달에서는 무게가 지구의 6분의 1밖에 안 돼요. 몸이 가벼워 점프하기 쉬워요.

3 사람의 발자국이 있어요

달에는 비와 바람이 없어서 50년 전에 달에 착륙했던 우주비행사의 발자국이 그대로 남아 있어요.

4 지구가 보여요

지구에서 달을 보면 모양이 변하는 것처럼 달에서 지구를 봐도 지구 모양이 변해요.

자연에 관한 과학 상식

흙은 무엇으로 이루어져 있을까?

바위와 모래, 동식물의 사체로 이루어져 있어요.

흙이 만들어지는 과정

흙의 바탕을 이루는 건 바위예요. 바위는 비와 바람의 힘으로 모래처럼 잘게 부서져요. 거기에 동식물의 사체나 배설물이 쌓이면 지렁이나 땅속에 사는 작은 세균이 분해하지요. 흙은 이런 과정을 거쳐 만들어져요.

자연에 관한 과학 상식

화산은 왜 폭발할까?

땅속의 마그마가 땅을 뚫고 나오기 때문이에요.

땅속 깊은 곳에는 바위가 녹아 뜨겁고 끈적거리는 마그마가 있어요. 이 마그마가 땅 위쪽으로 올라오면서 한곳에 모이면 엄청난 힘으로 땅의 약한 부분을 뚫고 밖으로 나와요. 이것이 화산 분출, 다시 말해 화산 폭발이에요.

1. 마그마는 주변의 암석보다 가벼워서 점점 땅 위쪽으로 올라와요.

2. 위쪽으로 올라오면서 땅속 암석 부근에 있는 마그마굄에 점점 고여요.

자연에 관한 과학 상식

다이아몬드는 어떻게 만들어질까?

1. 다이아몬드의 원석은 땅속 100킬로미터 아래, 깊은 곳에 있어요. 다이아몬드의 원료인 탄소는 마그마 속에 섞여 있지요.

2. 지구의 압력 때문에 탄소 알갱이는 매우 단단하게 결합돼요. 그리고 화산 폭발이 일어날 때 마그마와 함께 땅 밖으로 나와 식으면서 굳어요.

마그마 속에서 만들어져 땅 밖으로 나와요.

3 다이아몬드의 원석은 매우 희귀해서 찾기 어려워요. 큰 것은 아주 비싸지요.

4 다이아몬드는 가장 빛나는 모양으로 아름답게 가공되어 보석으로 팔려요. 세상에서 가장 단단한 물질이기 때문에 다이아몬드 커터라는 기계로만 자를 수 있어요.

자연에 관한 과학 상식

보석은 어떻게 만들어질까?

열과 압력에 녹은 암석이 굳어서 만들어져요.

루비

다이아몬드 다음으로 단단해요. 강옥 중에서 붉은색을 띠는 것을 루비라고 해요.

사파이어

루비를 제외한 강옥을 다 사파이어라고 하는데, 그중 파란색을 최고로 여겨요.

에메랄드

초록색 녹주석을 에메랄드라고 해요.

자수정
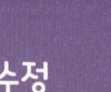
자주색 수정이에요. 철이 들어 있어서 자주색으로 보여요.

수정
투명한 육각형 기둥 모양이에요. 큰 수정 구슬은 점을 칠 때 사용하기도 해요.

단단하고 희귀한 돌 중에서 아름답게 빛나는 것이 보석이에요. 화산 아래에서 암석이 녹아 마그마가 되고 마그마가 천천히 식으면서 보석의 원석이 된 것들이 많아요.

어떤 보석이 나올까?

토파즈
매우 단단해요. 황금빛을 띠어 황옥이라고 하는데, 다른 색깔을 띠기도 해요.

오팔
여러 색이 섞여 있는 무지개처럼 영롱한 보석이에요.

투르말린
열을 가하면 정전기를 띠어서 전기석이라고도 해요.

오팔이 만들어지는 과정

원석이 녹아 있는 물이 바위 속으로 스며들어요.

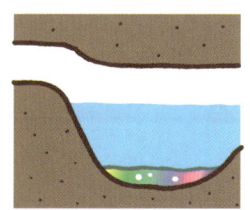
오랜 시간에 걸쳐 가라앉으면서 단단해져요.

물과 함께 굳기 때문에 무지개 색을 띠어요.

자연에 관한 과학 상식

열기구는 어떻게 하늘에 뜰까?

가벼워진 공기가 열기구를 들어 올리기 때문이에요.

공기는 따뜻해지면 가벼워져서 위로 올라가는데, 열기구는 이 원리를 이용한 거예요. 가스버너로 주머니 안에 든 공기를 가열하여 하늘 위로 떠오르게 하지요.

1. 풍선처럼 생긴 큰 주머니 안에 공기를 많이 넣어요.

2. 가스버너로 주머니 안을 가열하면 공기가 가벼워지면서 주머니를 들어 올려요.

자연에 관한 과학 상식

태양은 얼마나 뜨거울까?

우리가 상상도 못할 정도로 아주아주 뜨거워요.

태양은 지구와 달리 열과 빛을 아주 많이 내뿜는 별이에요. 태양의 표면 온도는 약 섭씨 6,000도라고 알려져 있어요. 태양 속으로 들어가면 갈수록 온도가 높아지는데 중심은 무려 섭씨 1,500만 도가 넘어요.

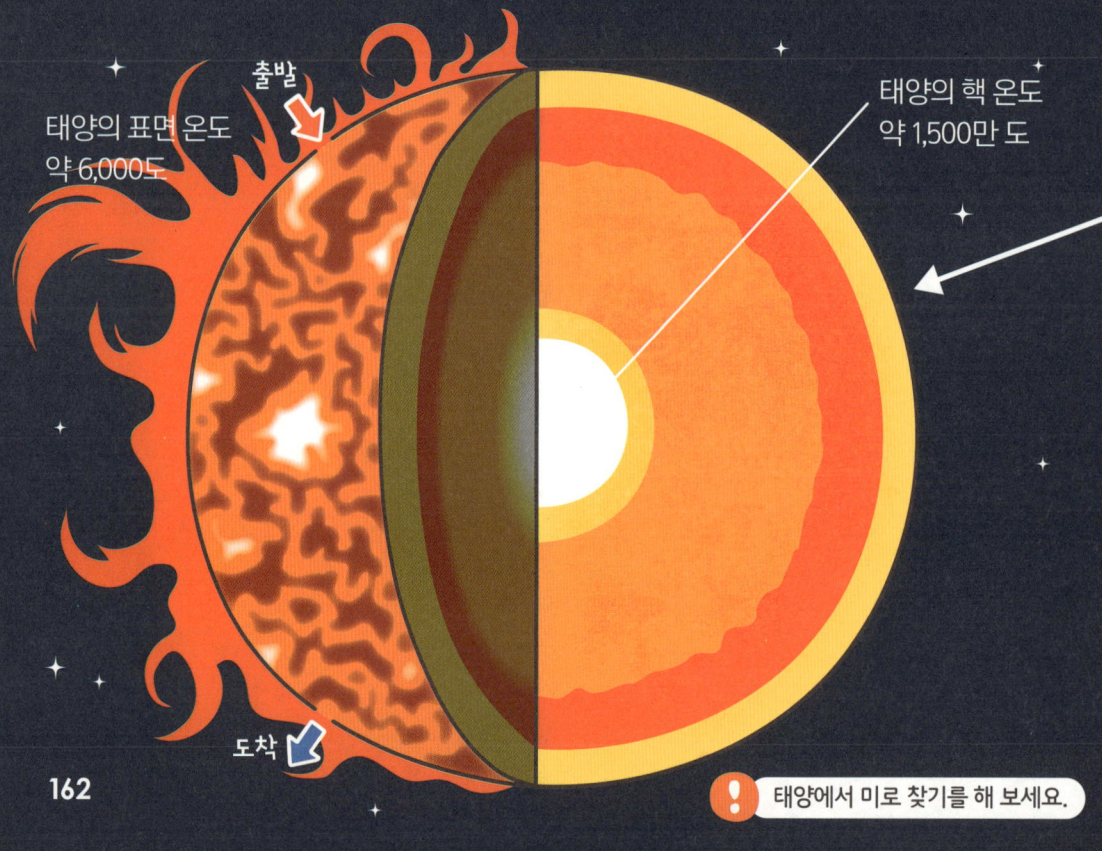

태양에서 미로 찾기를 해 보세요.

지구보다 태양에 가까이 있는 행성인 수성과 금성은 너무 뜨거워서 생물이 살지 못해요. 지구는 태양에서 딱 알맞게 떨어져 있기 때문에 생물이 살 수 있는 거예요.

1억 5,000만 킬로미터

너무 뜨거워서 가까이 갈 수 없어!

지구의 평균 기온 약 15도

지구가 태양과 딱 알맞은 거리에 있어 다행이야!

여러 가지 온도 (섭씨)

사람의 체온
35~37도

물이 끓는 온도
100도

종이가 타는 온도
300도

철이 녹는 온도
1,536도

자연에 관한 과학 상식

태풍은 어디서 올까?

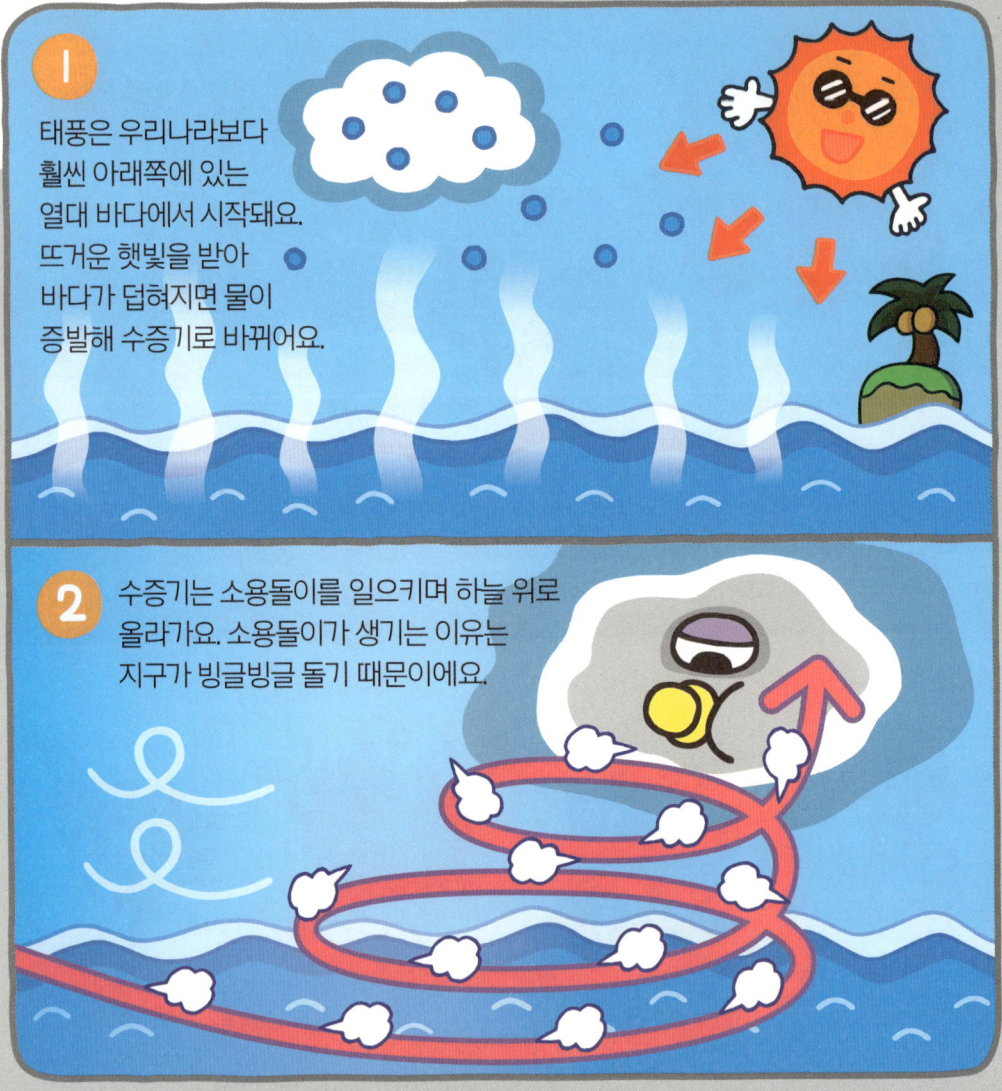

1. 태풍은 우리나라보다 훨씬 아래쪽에 있는 열대 바다에서 시작돼요. 뜨거운 햇빛을 받아 바다가 덥혀지면 물이 증발해 수증기로 바뀌어요.

2. 수증기는 소용돌이를 일으키며 하늘 위로 올라가요. 소용돌이가 생기는 이유는 지구가 빙글빙글 돌기 때문이에요.

먼 남쪽 바다에서 생겨 바람을 타고 올라와요.

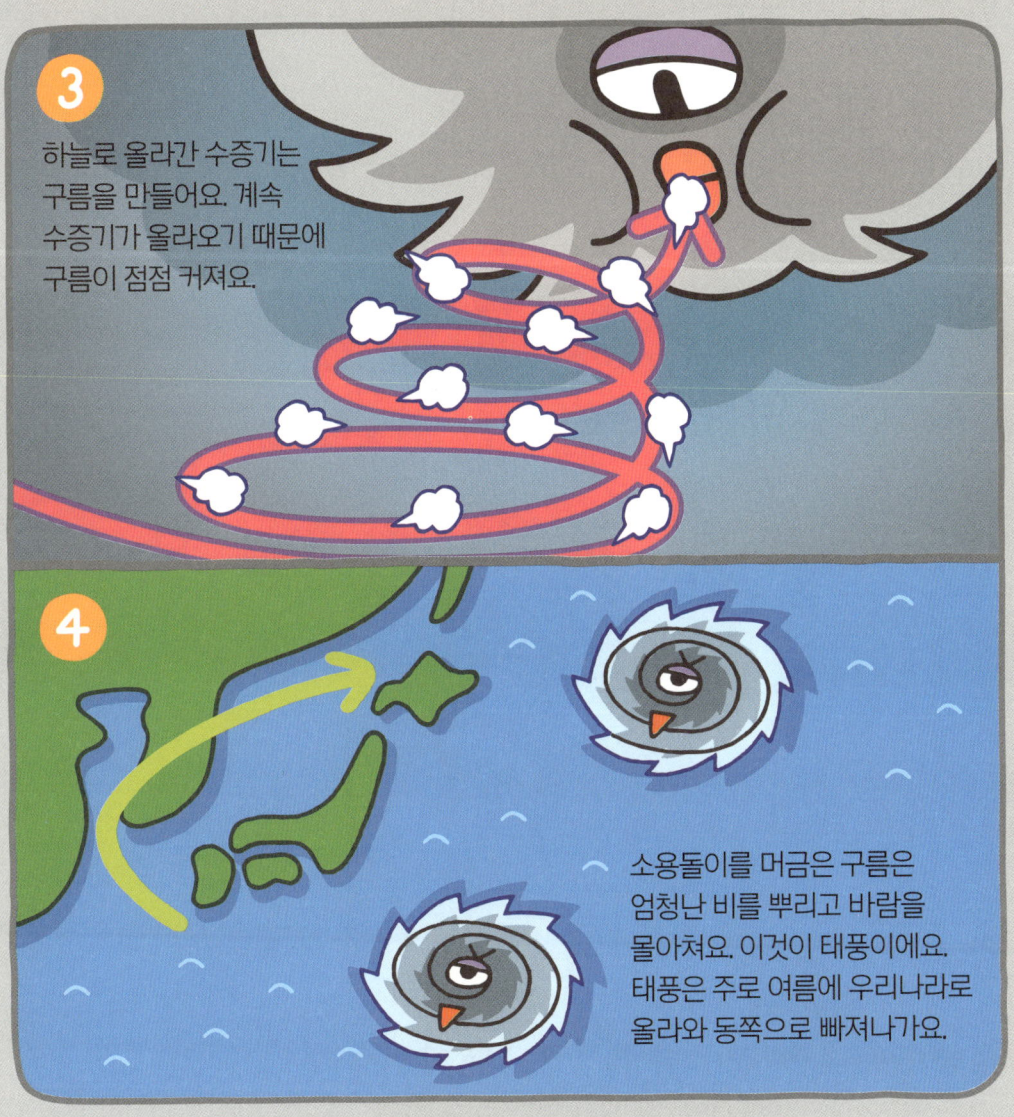

3 하늘로 올라간 수증기는 구름을 만들어요. 계속 수증기가 올라오기 때문에 구름이 점점 커져요.

4 소용돌이를 머금은 구름은 엄청난 비를 뿌리고 바람을 몰아쳐요. 이것이 태풍이에요. 태풍은 주로 여름에 우리나라로 올라와 동쪽으로 빠져나가요.

자연에 관한 과학 상식

슈퍼 태풍이 뭘까?

태풍 중에서도 아주 강력한 태풍을 말해요.

슈퍼 태풍이라고 불리는 강력한 태풍은
엄청난 바람을 일으켜요. 자동차를 뒤집고
건물을 무너뜨리는 등 큰 피해를 주지요.
슈퍼 태풍의 눈은 인공위성에서도 확실히 보여요.
이런 거대한 태풍이 몰아치는 이유는 지구가 점점
따뜻해져서 바다의 온도가 높아졌기 때문이라고 해요.

자연에 관한 과학 상식

산소는 언젠가 없어질까?

식물이 자라는 한 산소는 없어지지 않아요.

만약 지구에 산소가 없어진다면 어떻게 될까요?
외출할 때마다 늘 산소통을 메고 다녀야 할 거예요.

식물이 없는 세상

산소통을 메고 다녀야 하다니 불편해!

산소가 없으면 햇빛이 잘 흩어지지 않아서 하늘이 어두워져.

인간을 비롯한 생물이 살아가려면 산소가 꼭 필요해요.
다행히 지구에는 산소를 만들어 내는 생물이 많아요.
바로 식물이에요. 식물은 햇빛과 공기 중의 이산화 탄소를
이용해 산소를 만들어요. 식물들 덕분에 지구에는 산소가
마르지 않는 거예요.

자연에 관한 과학 상식

남극 기지는 어떤 곳일까?

다양한 과학 연구를 하는 곳이에요.

세종 과학 기지

남극은 풀과 나무가 살지 못하는, 지구에서 가장 추운 대륙이에요. 우리나라는 남극에 세종 과학 기지와 장보고 과학 기지를 세워 대기, 빙하, 지질, 생물, 운석, 해양 등 다양한 연구를 하고 있어요.

남극점

장보고 과학 기지

남극 대륙
일 년 내내 눈과 얼음으로 뒤덮여 있어요.

영하 89.2도를 기록한 적이 있을 정도로 추워!

평균 기온
연평균 기온은 약 영하 23도예요.

황제펭귄

남극 기지에서는

감기에 걸리지 않아요
너무 추워서 감기 바이러스가 살지 못해요.

채소는 실내에서 재배해요
식물이 얼어 죽지 않게 실내에서 키워 먹어요.

설상차를 타요
땅이 온통 눈과 얼음으로 뒤덮여 있어서 설상차라는 특수 자동차를 타고 이동해요.

종종 눈보라가 휘몰아쳐요
강한 바람과 눈 때문에 아무것도 보이지 않을 때는 밖에 나가지 않아요.

부모님께

    초등학교 2학년 어린이가 있는 가정이라면 아이들이 끊임없이 질문을 해 대는 통에 난감했던 적이 있을 것입니다. 어른들이 놓치기 쉬운 주변의 변화와 현상에 대해서도 아이들은 민감하게 반응합니다. 어딘가 이상하다거나 신기하게 느껴지면 쉴 새 없이 질문을 던지지요.

    아이가 '왜?'라는 질문을 던졌을 때, 어른이 어떤 태도를 보이느냐에 따라 앞으로의 아이의 삶이 크게 달라집니다. "좋은 질문이야. 어떻게 그런 걸 알아냈어? 기특하다." 하고 칭찬해 주세요. 그리고 답을 모르더라도 "함께 생각해 볼까?" 하면서 아이의 호기심이 사라지지 않도록 함께 노력해 주세요. 부모님도 아이의 마음이 되어 함께 즐기는 것이 중요합니다.

    초등학교 저학년은 배우는 즐거움을 몸에 익히는 데 매우 중요한 시기입니다. 시대가 급변하는 만큼 현상을 깨닫고 그 원리와 배경을 알아 가는 힘, 즉 탐구력을 연마하는 자세는 더욱 중요해질 것이 틀림없습니다. 함께 배우고 탐구하는 과정을 학교에서만 경험해서는 안 됩니다. 학교보다 많은 시간을 보내는 가정에서 가족들과 함께 경험하는 것이 더 중요하지요. 그러므로 가족들의 역할이 매우 크다고 할 수 있습니다.

어릴 적 호기심이 배움과 이어지고 그것을 기쁨으로 느끼는 아이라면 살면서 어려운 문제에 직면했을 때도 잘 헤쳐 나갈 수 있습니다. '왜 그럴까?' 하고 탐구하는 마음은 '그렇다면 이렇게 해 볼까?' 하고 행동하는 힘을 이끌어 내니까요. 끊임없이 탐구하고 배우는 자세는 개인적으로도, 사회적으로도 성장의 밑거름이 됩니다. 아이들에게 과학을 즐거워하는 마음을 키워 주세요. 이 일은 세계를 바꾸는 힘, 나아가 미래를 이끄는 힘으로 이어질 것입니다.

감수자 미마 노유리 美馬のゆり (공립하코다테미래대학 교수)

학습과학(인지과학, 학습환경디자인, 정보공학)과 과학 커뮤니케이션을 전공하고 박사 학위를 받았습니다. 공립하코다테미래대학(홋카이도) 및 일본과학미래관(도쿄)의 설립에 참여했으며, 이후 대학 교수와 과학관 부관장(2003년~2006년)을 지냈습니다. NHK 경영위원으로 활동했고, 문부과학성 과학기술정책 및 교육정책, 경제산업성의 제품 안전에 관한 심의위원, 홋카이도과학기술심의회 위원을 지냈습니다. 2014년 문부과학대신 표창 과학기술상을 받았습니다. 저서로는 〈미래의 학습을 디자인한다〉 〈이과적으로 살아라〉 등이 있습니다.

그림으로 이해하는
2학년이 가장 궁금한 과학

2016년 6월 30일 1판 1쇄 발행 | 2021년 4월 15일 1판 7쇄 발행

글 | 이리사와노리유키 외 그림 | 다카이요시카즈 외 감수 | 미마 노유리 옮김 | 정은지
펴낸이 | 나춘호 펴낸곳 | (주)예림당 등록 | 제2013-000041호
주소 | 서울시 성동구 아차산로 153 예림출판문화센터
구매 문의 전화 | 561-9007 팩스 | 562-9007
책 내용 문의 전화 | 3404-9238
http://www.yearim.kr

책임 개발 | 박효정 / 서인하 문새미 디자인 | 이정애 / 강임희 김지은 백지현
저작권 영업 | 문하영 김유미 제작 | 신상덕
마케팅 | 임상호 전훈승

ISBN 978-89-302-6796-0 74400
ISBN 978-89-302-6794-6 74400(세트)

*이 도서에는 아모레퍼시픽에서 제공한 아리따글꼴이 적용되어 있습니다.

[Japanese Original Title] 2: 絵でよくわかる 科学のなぜ2年生
E de Yokuwakaru Kagaku no Naze 2nensei
© 2015 Gakken Education Publishing
First published in Japan 2015 by Gakken Education Publishing Co., Ltd, Tokyo
Korean translation copyright © 2016 by YeaRimDang Publishing Co., Ltd.
Korean translation rights arranged with Gakken Plus Co., Ltd.

이 책의 한국어판 저작권은 (주)예림당과 Gakken Plus Co., Ltd.사와의 독점 계약으로 (주)예림당에 있습니다.
저작권법에 의해 한국 내에서 보호를 받는 저작물이므로 무단 전재와 복제를 금합니다.

이 도서의 국립중앙도서관 출판예정도서목록(CIP)은 서지정보유통지원시스템 홈페이지(http://seoji.nl.go.kr)와
국가자료공동목록시스템(http://www.nl.go.kr/kolisnet)에서 이용하실 수 있습니다.(CIP제어번호: CIP2016014357)

어린이제품 안전특별법에 의한 제품 표시사항

제품명 | 도서 제조자명 | (주)예림당 제조국명 | 대한민국 전화번호 | 02)566-1004
주소 | 서울시 성동구 아차산로 153 제조년월 | 발행일 참조 사용연령 | 8세 이상

주의! 책의 모서리가 날카로우니, 던지거나 떨어뜨려 다치지 않도록 주의하세요.